尋訪與名將有淵源的城、神社、博物館、墓地

戰國武將巡禮之旅

歷史魂編輯部 編

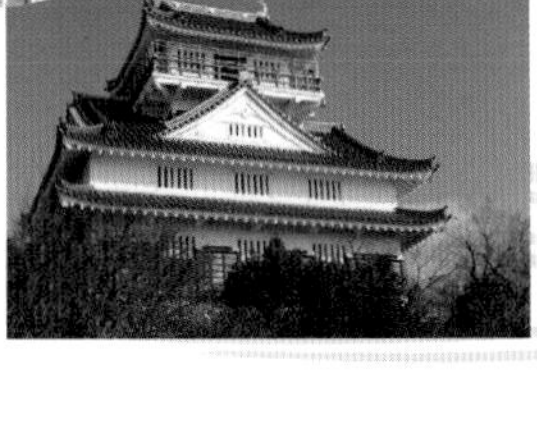

尋訪與名將有淵源的城、神社、博物館、墓地

戰國武將巡禮之旅

長宗我部氏岡豊城

※本書所有資訊皆根據2012年10月底的調查。關於公休日和各種收費等有可能有所變動，走訪前建議再度確認。（部份營業資訊已於出版時根據2016年4月初的資訊進行更新）

※本書標記的移動時間，是參考實際走訪時所花費的時間。不過，實際狀況有可能因人而異，僅供參考。

※本書的記述，皆參照於史跡或觀光景點採訪的內容以及參考文獻編寫，當中也包含傳說和一般通論，還請見諒。

※本書中所提供的史跡地址皆以日文標示，以便讀者走訪。

與名將有淵源之各地地圖

北起東北，南至九州，戰國武將的居城遺跡或戰爭遺址遍布全國。
以下介紹收錄於本書中，與名將具有淵源的地區以及古戰場。

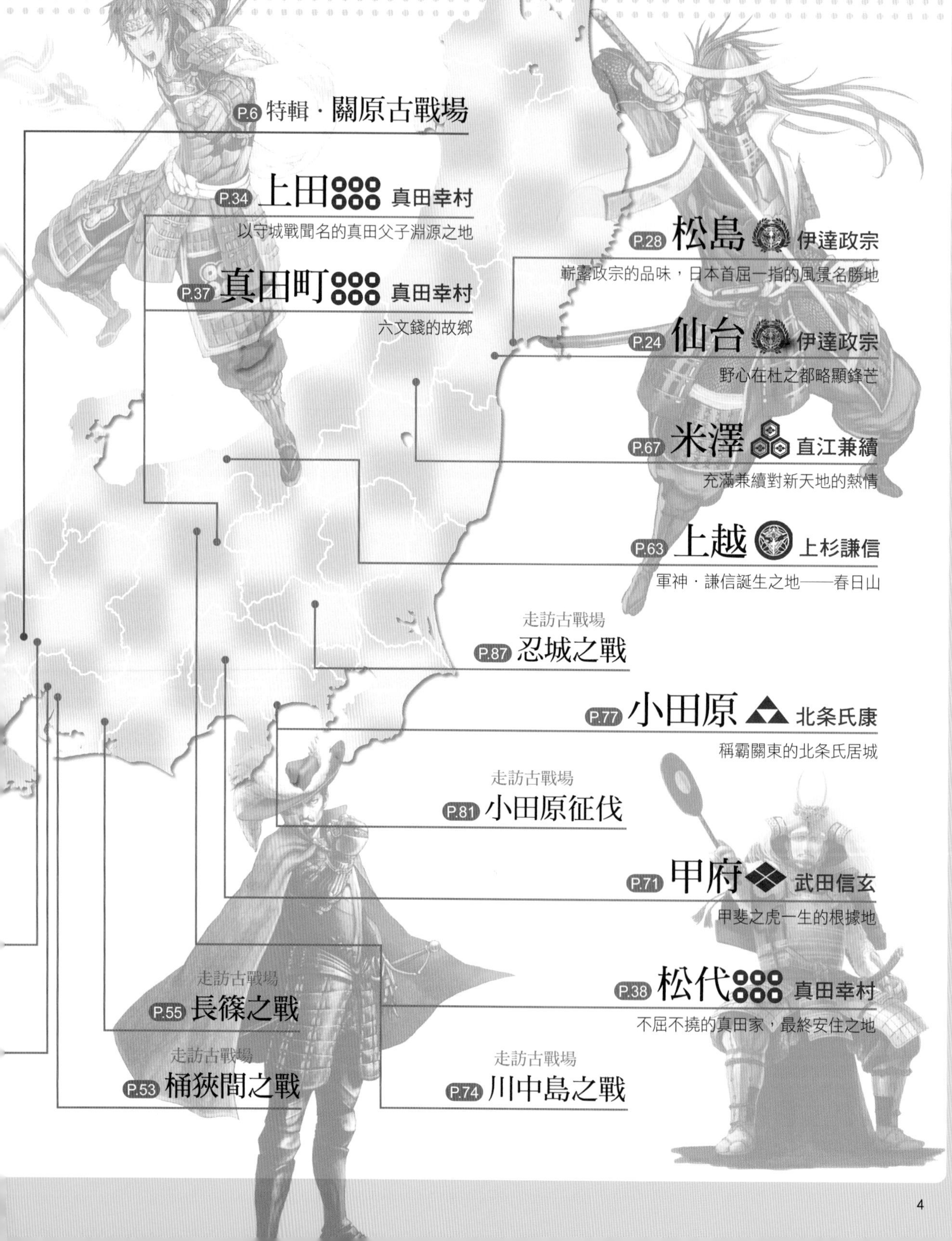

P.6 特輯・關原古戰場
P.34 上田 真田幸村
以守城戰聞名的真田父子淵源之地
P.37 真田町 真田幸村
六文錢的故鄉
P.28 松島 伊達政宗
嶄露政宗的品味，日本首屈一指的風景名勝地
P.24 仙台 伊達政宗
野心在杜之都略顯鋒芒
P.67 米澤 直江兼續
充滿兼續對新天地的熱情
P.63 上越 上杉謙信
軍神・謙信誕生之地——春日山
走訪古戰場
P.87 忍城之戰
P.77 小田原 北条氏康
稱霸關東的北条氏居城
走訪古戰場
P.81 小田原征伐
P.71 甲府 武田信玄
甲斐之虎一生的根據地
走訪古戰場
P.55 長篠之戰
P.38 松代 真田幸村
不屈不撓的真田家，最終安住之地
走訪古戰場
P.53 桶狹間之戰
走訪古戰場
P.74 川中島之戰

完全導覽 石田三成VS德川家康，爭霸天下的舞台

走訪關原古戰場

只要是戰國迷或是喜愛武將的人，絕對想走一趟關原！
這裡遺留許多陣跡，地形也一覽無遺，因此能夠親身感受400年前的激戰。
本書以關原作為第一個巡禮之地，徹底導覽這個爭霸天下的舞台！

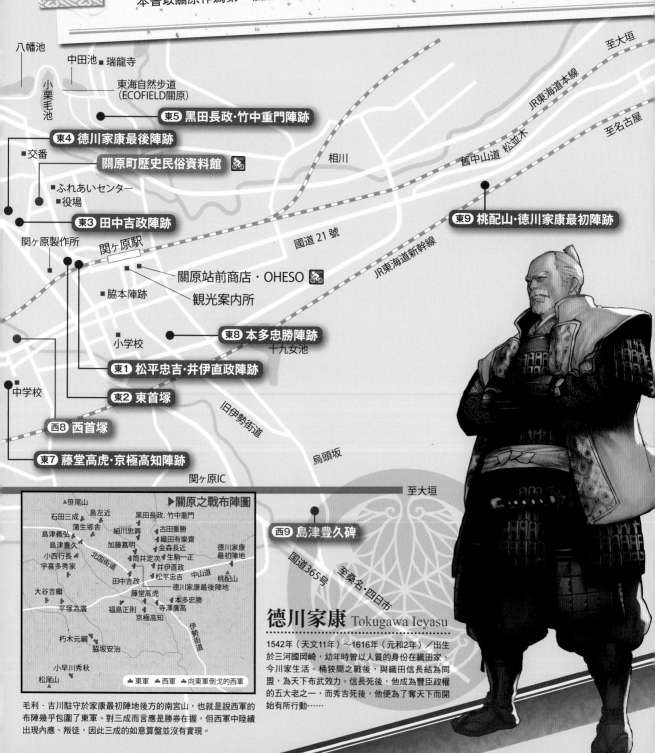

八幡池
中田池
瑞龍寺
小栗毛池
東海自然步道（ECOFIELD關原）
東5 黑田長政·竹中重門陣跡
東4 德川家康最後陣跡
交番
關原町歷史民俗資料館
ふれあいセンター
役場
東3 田中吉政陣跡
関ヶ原製作所
関ヶ原駅
關原站前商店・OHESO
観光案内所
脇本陣跡
東8 本多忠勝陣跡
十九女池
小学校
東1 松平忠吉·井伊直政陣跡
中学校
東2 東首塚
西8 西首塚
東7 藤堂高虎·京極高知陣跡
旧伊勢街道
烏頭坂
関ヶ原IC
至大垣
西9 島津豊久碑
国道365号
至桑名·四日市
相川
國道 21 號
JR東海道新幹線
東9 桃配山·德川家康最初陣跡
舊中山道 松並木
JR東海道本線
至大垣
至名古屋

▶關原之戰布陣圖
笹尾山
石田三成
島左近
黑田長政, 竹中重門
蒲生郷舍
細川忠興
古田重勝
島津義弘
織田有樂齋
島津豐久
加藤嘉明
金森長近
德川家康最初陣地
小西行長
北國街道
筒井定次
生駒一正
宇喜多秀家
井伊直政
松平忠吉
中山道
桃配山
田中吉政
德川家康最後陣地
大谷吉繼
藤堂高虎
本多忠勝
平塚為廣
福島正則
寺澤廣高
京極高知
伊勢街道
朽木元綱
脇坂安治
小早川秀秋
松尾山
東軍
西軍
向東軍倒戈的西軍

毛利・吉川駐守於家康最初陣地後方的南宮山，也就是說西軍的布陣幾乎包圍了東軍。對三成而言應是勝券在握，但西軍中陸續出現內應、叛徒，因此三成的如意算盤並沒有實現。

德川家康 Tokugawa Ieyasu

1542年（天文11年）～1616年（元和2年）／出生於三河國岡崎，幼年時曾以人質的身份在織田家、今川家生活。桶狹間之戰後，與織田信長結為同盟，為天下布武效力。信長死後，他成為豐臣政權的五大老之一，而秀吉死後，他便為了奪天下而開始有所行動……

尋訪史上最大戰爭遺跡

關原之戰被稱為日本史上最大規模的戰爭。豐臣秀吉死後，石田三成等人組成的西軍，舉兵攻打日漸專橫的德川家康。想要守護豐臣家的三成、貫徹朋友情義的大谷吉繼、因為憎恨三成而投靠東軍的福島正則、無法當機立斷而在松尾山布陣的小早川秀秋等，關原上交雜著每個武將不同的心情。

時至今日，關原古戰場上仍留著各個武將的陣跡；笹尾山及決戰地的戰場上，還有旗幟飄揚。若想在一天之內走遍所有的陣跡，行程會太過緊湊，因此本書將行程分為西軍與東軍介紹。

石田三成　Ishida Mitsunari

1559年（永祿2年）～1600年（慶長5年）／三成在14歲左右成為秀吉的近侍，其後作為秀吉的左右手，在內政方面一展長才。然而潔癖的個性使他樹立了不少敵人，連豐臣政權下也有不滿他的人。秀吉死後，面對勢力崛起的家康，三成挺身守護豐臣家。

伊吹山ドライブウェイ料金所
笹尾山
西1 石田三成陣跡
決戰地
旧北国街道
關原WARLAND
池寺池
西3 小西行長陣跡
開戦地
藤古川
天満山
西2 島津義弘陣跡
藤古川水壩
梨の木川
西6 大谷吉繼墓
西4 宇喜多秀家陣跡
西5 平塚為廣碑
西7 大谷吉繼陣跡
不破関資料館
不破関跡
舊中山道
鶯の滝
矢尻の井
若宮八幡宮
常盤御前の墓
東6 福島正則陣跡
名神高速道路
叛1 脇坂安治陣跡
藤古川
叛2 松尾山城跡（小早川秀秋陣跡）
至米原
至米原
0
500m
N
西 西軍史跡　東 東軍史跡
叛 叛將史跡
※數字為模範行程之順序

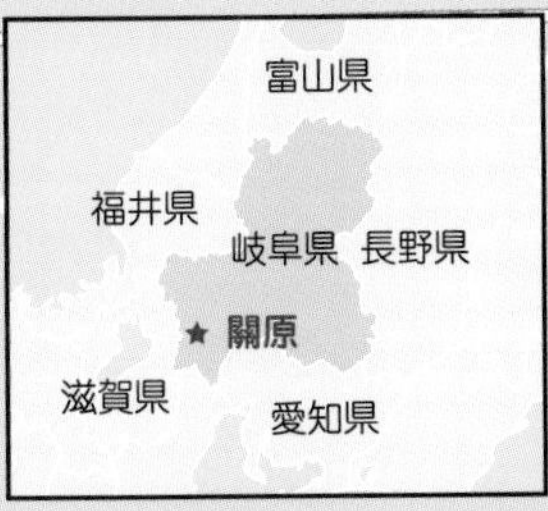
富山県
福井県
岐阜県
長野県
關原
滋賀県
愛知県

前往關原站的交通方式

出發地	車站	路線	轉乘站	路線	目的地
東京（約 3 小時）	東京站	東海道新幹線 約 1 小時 40 分鐘	名古屋站	JR 東海道本線 約 50 分鐘	關原站
大阪（約 1 小時 30 分鐘）	新大阪站	東海道新幹線 約 35 分鐘	米原站	JR 東海道本線 約 20 分鐘	關原站

車　從名神高速公路・關原 IC 約 14 分鐘

石田三成陣地

西軍的史跡．陣跡巡禮

為大義而齊聚、始終貫徹信念的石田三成．大谷吉繼．宇喜多秀家等人，踏訪西軍諸將的英魂遺跡

西軍 模範行程

▶關原站
⬇徒步約5分
關原町歷史民俗資料館
⬇徒步約12分
決戰地
⬇徒步約5分
西1 石田三成陣跡
⬇徒步約12分
西2 島津義弘陣跡
⬇徒步約6分
西3 小西行長陣跡
⬇徒步約9分
西4 宇喜多秀家陣跡
⬇徒步約15分
西5 平塚為廣碑
⬇徒步約8分
西6 大谷吉繼墓
⬇徒步約5分
西7 大谷吉繼陣跡
⬇徒步約20分
西8 西首塚
⬇徒步約10分
▶關原站

關原自行車出租資訊

在關原車站前有的這兩個地方可以租借自行車，分別是「關原站前商店．OHESO」以及關原町歷史民俗資料館。前往大谷吉繼陣跡、桃配山、松尾山等地時，步行需將近30分鐘，因此騎自行車較方便。

關原站前商店．OHESO（関ケ原駅前ショップ．おへそ）

070-5447-2780 ¥4小時以內500日圓，4小時以上1000日圓 8:30～17:00 休星期二

關原町歷史民俗資料館

0584-43-2655 ¥4小時以內500日圓，4小時以上1000日圓 9:00～16:30（11月～3月為～16：00）休星期一（如遇假日則隔日公休）、12/29～1/3

在資料館先做好功課

在展開以西軍諸將陣跡為主的行程之前，不妨先造訪關原町歷史民俗資料館，瞭解戰爭的來龍去脈再出發。博物館裡的商店有許多武將週邊商品，讓人回程時會想再繞進來採買伴手禮。

參觀完資料館後，便可途經決戰地，前往石田三成陣跡所在的笹尾山。山腳下的砦（要塞）已經修復，山頂上則有旗幟飄揚，是個熱門的拍照景點。

從宇喜多秀家陣跡到平塚為廣陣跡時，若選擇步行，可走穿過藤古川水壩的近路；若是騎自行車，則建議繞路騎國道21號過去。前往大谷吉繼的墓地和陣跡時，需要通過狹小的山路，請留意入口位置。

関ヶ原町歴史民俗資料館

關原町歷史民俗資料館

關原巡禮的根據地在此！

進行關原巡禮時，首先應該造訪的便是此處。資料管裡展出關原之戰中使用的武器裝備、參戰武將的肖像、陣形的立體模型等，如果能在此先學習，想必就能更享受關原巡禮。另外，這裡也可租自行車。

址 岐阜県不破郡関ケ原町大字関ケ原894-28 ☎0584-43-2665 🚃從關原站徒步約5分鐘 ¥全票350日圓，兒童200日圓 🕒9：00～16：30（4～10月）／9：00～16：00（11～3月） 休 星期一（如遇國定假日則隔日公休）、12/29～1/3 P有

石田三成
徳川家康

附設有趣的拍照立板。若是在資料館停留太久，後面的行程會變得很趕，請特別留意

館內展出這些史料！

描繪出激烈戰況、充滿魄力的「關原合戰圖屏風」，是必看的重點！另外還展出許多戰爭相關的史料。

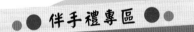

關原合戰圖屏風

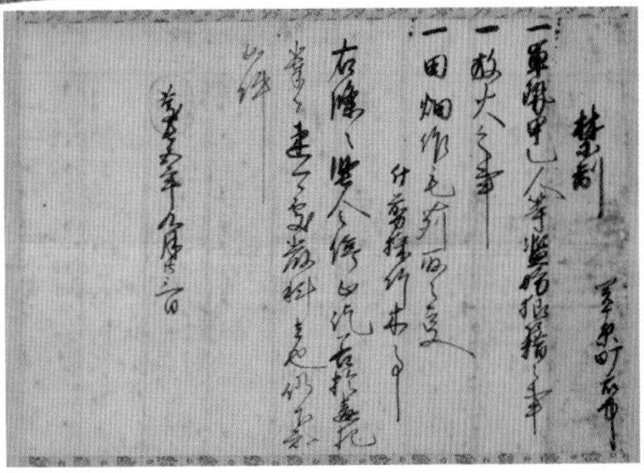

德川家康書狀

伴手禮專區

不可錯過的原創商品！

⬆印有屏風畫的扇子

秀秋

⬅參戰武將的鑰匙圈，讓人想收集全套！

⬆許多茶杯・酒杯等原創商品

史蹟
関ヶ原古戰場
決戰

決戰地

攻上笹尾山的東軍諸將

小早川秀秋等人叛變後，大勢已定，於是東軍諸將為了取三成的頭顱，便攻上此處，展開一場激戰。這裡插著三成・家康的家紋和「決戰地」的旗幟。

說明 在一片田園地帶中，只有這裡地勢隆起，同時又有旗幟飄揚，因此很容易找到。距離石田三成的陣跡約400m。

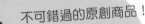

址 不破郡関ケ原町大字関ケ原1202 🚃從關原站徒步約20分鐘

西1 石田三成陣跡

站在三成的角度，將戰場盡收眼底

石田三成的陣跡位在笹尾山上，可以鳥瞰關原的全貌，當初三成就是在這裡觀看激變的戰況。山腳有石田隊的兩翼——島左近．蒲生鄉舎的陣跡，插著各將領的旗幟，並重現了當時的馬防柵（拒馬）。一般認為，一直到位在東側的舊關原北小學，都屬石田隊的陣地範圍。

址 不破郡関ケ原町大字関ケ原4008 交 從關原站徒步約25分鐘

「關原之戰圖屏風」中在笹尾山布陣的石田隊。畫面右側描繪出負傷的島左近。

在陣跡飄揚的「大一大萬大吉」旗幟（上）／笹尾山山頂的瞭望臺。可以把自己當作三成，眺望關原一番（中）／頭盔形狀的紀念碑（左下）／島左近陣跡的旗幟（右下）

西2 島津義弘陣跡

因部隊人數較少而決定觀戰

由於島津隊和本國（譯註：薩摩國）的聯繫不順利，因此只能以少數人組成的部隊參加決戰。之所以布陣於西軍的中央，是因為義弘已經決定在旁觀戰，只以鐵砲（火槍）隊趕走逼近的東軍。當西軍確定敗北後，進退失據的義弘便決定從正面突破重圍，後世稱為「島津大撤退（島津の退き口）」。

址 不破郡関ケ原町大字関ケ原1869-3 交 從關原站徒步約15分鐘

史蹟 關ヶ原古戰場
開戰地

西3 小西行長陣跡

升起開戰的狼煙

在北天滿山升起狼煙，向西軍傳達開戰訊號的，就是小西隊。小西布陣於西軍陣形的正中央，與田中吉政、織田有樂齋展開激烈的殊死戰。戰敗後，小西和三成一起在六条河原遭到斬首。陣跡旁立有「開戰地」的石碑。

址不破郡関ヶ原町大字関ヶ原2368-1 交從關原站徒步約20分鐘

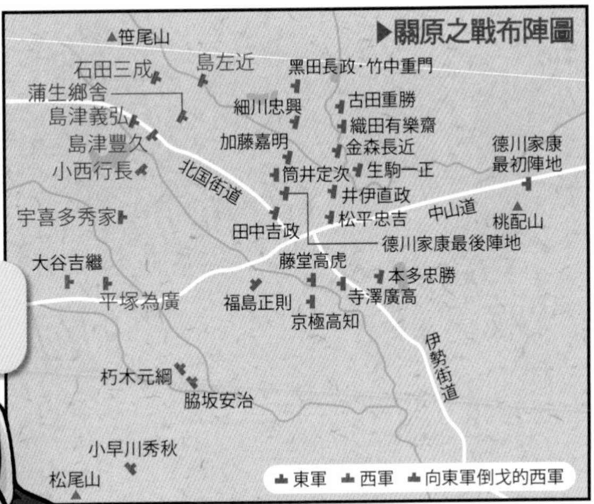
▶關原之戰布陣圖
笹尾山
石田三成
島左近
黒田長政·竹中重門
蒲生郷舍
細川忠興
古田重勝
島津義弘
織田有樂齋
島津豐久
加藤嘉明
金森長近
德川家康
最初陣地
小西行長
北国街道
筒井定次
生駒一正
井伊直政
宇喜多秀家
中山道
田中吉政
松平忠吉
桃配山
德川家康最後陣地
大谷吉繼
藤堂高虎
本多忠勝
平塚為廣
福島正則
寺澤廣高
京極高知
伊勢街道
朽木元綱
脇坂安治
小早川秀秋
松尾山
東軍
西軍
向東軍倒戈的西軍

面對沿著中山道往大坂方向進軍的東軍，西軍擺出宛如白鶴展翅的「鶴翼之陣」來一決勝負

我軍必勝的陣形，
讓西軍在開戰時獲得
壓倒性的優勢！

◐開戰地之碑

寫著「開戰地」的石碑立在小西行長陣跡的旁邊。但是一般認為，宇喜多隊與松平．井伊隊展開槍戰的真正開戰地點，應該是在位於石碑南方200m處的天滿山正面，石碑原本建造於該處，後來因為開墾田地而移至現址。

西5 平塚為廣碑

重友誼男子漢的陣跡

關原的鄰國——美濃垂井領主平塚為廣的陣跡。為廣是大谷吉繼的盟友，據說他代替抱病的吉繼指揮兩軍。與叛徒小早川、脇坂奮戰，最後不幸戰死。

說明 通往大谷吉繼的墓地、陣跡的小路，位在陣跡另一側的車道旁。

址不破郡関ヶ原町大字藤下445-4 交從關原站徒步約25分鐘

西4 宇喜多秀家陣跡

靜靜佇立於南天滿山的副將陣跡

率領1萬7千大軍參戰的秀家，是西軍的副將。秀家和石田隊並稱西軍中最驍勇善戰的部隊。秀家的陣跡位在南天滿山的天滿神社境內。

說明 需經過一條細石子路才能抵達陣跡。旁邊沒有停車場，建議徒步或騎自行車前往。

址不破郡関ヶ原町大字関ヶ原4146-1 交從關原站徒步約25分鐘

刑部呀……
對不起……

至大谷吉繼墓前獻花、
獻酒的人絡繹不絕

切腹自盡的大谷吉繼。
出自「關原之戰圖屏風」

西6 大谷吉繼墓

三成盟友的自盡之地

大谷吉繼是三成的盟友，他曾一度阻止三成舉兵，但最後仍念在多年的友情而抱病參戰。吉繼雖然奮力對抗倒戈東軍的小早川隊，然而仍不敵脇坂隊等相繼的叛離，最後在深山中切腹自盡。

說明 必須沿著山路徒步10分鐘，才能抵達墓地與陣跡。自行車無法通行，請留意。

址 不破郡関ヶ原町大字藤下678-2 交 從關原站徒步約40分鐘

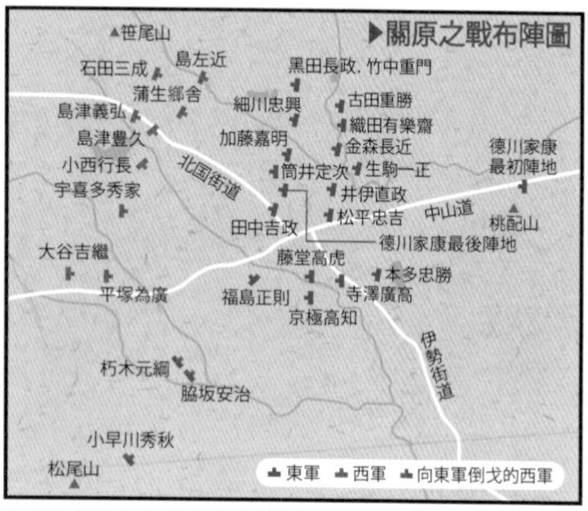

▶關原之戰布陣圖
笹尾山
石田三成
島左近
黑田長政. 竹中重門
蒲生鄉舍
島津義弘
細川忠興
古田重勝
島津豊久
加藤嘉明
織田有樂齋
金森長近
德川家康
最初陣地
小西行長
北國街道
筒井定次
生駒一正
宇喜多秀家
井伊直政
松平忠吉
中山道
桃配山
田中吉政
德川家康最後陣地
大谷吉繼
藤堂高虎
本多忠勝
平塚為廣
福島正則
寺澤廣高
京極高知
伊勢街道
朽木元綱
脇坂安治
小早川秀秋
松尾山
東軍
西軍
向東軍倒戈的西軍

大谷吉繼早已料想小早川會背叛西軍，因此在松尾山附近布陣，可惜未料脇坂隊．朽木隊等的叛離。大谷隊的潰敗，造成了西軍的全軍覆沒。

西7 大谷吉繼陣跡

為應戰家康和小早川所布之陣

吉繼的陣地設置於舊中山道沿途的要衝上。這樣的布陣除了可以迎擊試圖突破中山道的家康軍，同時也能防備松尾山上動作頻頻的小早川隊。

址 不破郡関ヶ原町大字山中30-1 交 從關原站徒步約40分鐘

陣跡裡隱約可見殘存的土壘（譯註：用土製成的堤防狀牆垣，用於抵擋敵人或動物入侵）等

西8 西首塚

埋葬了數千首級的人頭塚

關原之戰後，德川家康命令當時關原的領主竹中重門建造了這個人頭塚。現在繞一圈的全長約為30m，但當時的規模更大。大殿裡供奉著千手觀音與馬頭觀音。

址 不破郡関ヶ原町大字関ヶ原2236 交 從關原站徒步約10分鐘

深入探訪 島津軍與叛離武將的史跡

西9 島津豐久碑

島津大撤退，戰功之碑

在西軍節節敗退的戰況下，島津軍果敢地從正面突破重圍，順著伊勢街道南下。島津豐久在烏頭坂戰役中，為了掩護叔父義弘撤退，於是率軍殿後奮戰，最後戰死沙場。後世建造了一座石碑，讚頌豐久的英勇奮戰。

址 岐阜県大垣市上石津町牧田741 交 從關原站徒步約30分鐘

如今的烏頭坂附近。沿著這條斜坡往下走，路上便會看見島津豐久碑在右手邊

叛1 脇坂安治陣跡

迫使大谷吉繼自盡

脇坂安治將陣地設於松尾山山腳的藤古川與黑血川之間。安治在開戰前就與東軍勾結，和小早川隊一樣叛離，攻打大谷吉繼。陣跡還留有虎口（譯註：城廓的出入口）與土壘的遺跡。

址 不破郡関ヶ原町大字藤下476-1 交 從關原站徒步約30分鐘

叛2 松尾山城跡（小早川秀秋陣跡）

19歲的小早川秀秋演出了叛變劇碼

小早川秀秋在關原之戰的主戰場上，對兩軍造成了極大的影響。秀秋布陣的地點，就是這個松尾山城。秀秋答應家康會背叛西軍，率領1萬5千名兵力在此布陣。但是開戰之後，他卻只在旁觀戰，直到下午。有一說他是無法決定投靠哪一方，因此還在觀察戰況；另一說則是他在等西軍疲弱。19歲的秀秋從松尾山俯瞰著關原，心中究竟在想些什麼呢？

址 不破郡関ヶ原町大字山中731-1 交 從關原站徒步約40分鐘，登山時間約50分鐘

小早川秀秋陣地

松尾山城有土壘等防禦設施，可以看出築城工程是事先進行的

! 登松尾山的注意事項

若要前往秀秋布陣的松尾山頂，必須走50分鐘的山路。山路的路況不佳，又有許多昆蟲出沒，因此請務必穿著長袖、長褲、運動鞋或登山鞋，並且隨身攜帶防蚊液。另外，也請務必攜帶飲料或水，留意脫水症狀。最適宜的季節是春天及秋天。登山口的入口處設有停車場。

從山頂上可以將關原盡收眼底

SORA ASUKA的
關原
巡禮之旅
凡戰國愛好者一生必去的爭霸天下之地——關原!!
好熱血喔~
西軍LOVE♥
三成LOVE♥
今天就由我這個熱愛戰國的漫畫家SORA ASUKA，來為各位介紹關原古戰場！
搭乘東海道本線，在關原站下車……
站前的招牌……
心情馬上變得超HIGH！
這次我打算以徒步的方式進行巡禮，因此必須全副武裝！
後背包或側背包
隨身攜帶水
長褲
運動鞋
史跡巡禮的重點1：請穿著輕便的服裝！
關原幾乎沒有餐廳，帶著便當去或許是不錯的選擇。
關原幾乎沒有店家或便利商店……
首先前往關原町歷史民俗資料館！
館內展示著關原之戰圖屏風、鎧甲、頭盔等等
在資料館索取導覽地圖後，便開始進行作戰會議。
最後決定第一站先前往石田三成大本營所在的笹尾山。
MAP
史跡巡禮的重點2：仔細思考行程
笹尾山的山腳下立有決戰地之碑。
決戰地
聽說是戰役中最激烈的戰場
石田三成大本營・笹尾山
雖說是山，但其實並不高，一下子就爬上山頂了
從山頂可以鳥瞰整個關原……
山頂上有導覽圖
泛淚……
三成就是在這裡看著戰友們一一敗逃的啊……

接下來就是西軍武將的陣跡巡禮！
關原的每個地方都有導覽圖，相當方便
島津義弘陣跡
小西行長陣跡
宇喜多秀家陣跡
大略看看東軍武將的陣跡。
因為我是西軍派嘛♥
藤堂高虎的陣跡在學校裡，所以沒辦法進去……
学校
最後是大谷吉繼的陣跡，但是……
一直往深山裡走……
這樓梯怎麼這麼陡～～！
!?
靠著毅力總算抵達
大谷吉繼因為遭到叛軍小早川等人的奇襲，而在此自盡。
陣跡旁就是他的墓地……
嗚哇～～
嗚啊啊啊～刑部～～
※刑部＝大谷吉繼
可惡的金吾啊啊啊啊!!!!
吼噢噢噢噢
都是因為你叛變才會這樣!!!!
憑著氣勢，決定登上松尾山（小早川秀秋大本營）！
※金吾＝小早川秀秋
確實做好登山的準備之後再展開挑戰
飲料
登山鞋
後背包
防蚊液
爬到山頂要40～50分鐘！做好覺悟之後再出發!!
史跡巡禮的重點3：登山時必須確實做好準備！
從山頂可以登高望遠，遠眺關原之戰的戰場。
一想到他當時就是在這裡猶豫不決地觀望，就好生氣……
總之，關原巡禮就到此結束了！
關原WARLAND也很值得推薦唷♥
請各位也務必到關原看看～！

東軍的史跡‧陣跡巡禮

扭轉開戰時的劣勢、漂亮地贏得勝仗的德川家康與東軍武將，踏訪東軍的戰爭史跡

東軍 模範行程

▶關原站
↓徒步 約3分
東1 松平忠吉‧井伊直政陣跡
↓徒步 即達
東2 東首塚
↓徒步 約3分
東3 田中吉政陣跡
↓徒步 約1分
東4 德川家康最後陣跡
↓徒步 約1分
（關原町歷史民俗資料館）
↓徒步 約15分
東5 黑田長政‧竹中重門陣跡
↓徒步 約30分
東6 福島正則陣跡
↓徒步 約6分
東7 藤堂高虎‧京極高知陣跡
↓徒步 約8分
東8 本多忠勝陣跡
↓徒步 約15分
▶關原站

勝敗早在戰前就已經註定了!!
不過一開始確實陷入了苦戰啦……

建議騎自行車

家康及其率領的東軍，扭轉了開戰時的劣勢，最後坐收勝利。曾擔任明治政府軍事顧問的德國人梅克爾少佐（Klemens Wilhelm Jacob Meckel）看見布陣圖後，立刻不假思索地做出「西軍會勝利」的判斷，可見在關原之戰在布陣上，對東軍有多麼不利。家康最初布陣的地點在桃配山，而在其後方的南宮山上布陣的毛利．吉川，在實際開戰後卻都沒有動靜，再加上位在松尾山的小早川等人背叛西軍，於是勝負就此底定。家康那細膩周全的謀略與交涉技巧，正是決定勝負的關鍵所在。

東軍的陣跡是以關原站、關原町歷史民俗資料館一帶為中心，範圍比西軍的陣跡還要廣大。尤其是桃配山，若以徒步方式前往，必須花上四〇分鐘左右，因此建議騎乘自行車。

若想將關原町歷史民俗資料館放進行程裡，可在看完德川家康最後陣跡之後前往。也可以在資料館租自行車，最後回來還車時，再順便買伴手禮。

另外，假如想一次走訪東軍和西軍的陣跡，最有效率的規劃就是在看完黑田長政．竹中重門陣跡之後，前往石田三成陣跡（或是決戰地），然後直接順著西軍行程的島津義弘陣跡～大谷吉繼陣跡走，最後從福島正則陣跡接回東軍行程。不過，如果要在一天之內走訪全部陣跡，行程會非常緊湊，請自行斟酌，切勿勉強。

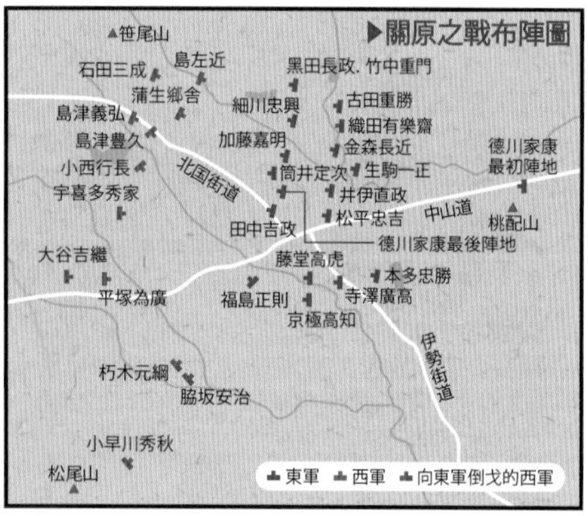
▶關原之戰布陣圖
笹尾山
石田三成
島左近
蒲生鄉舍
黑田長政.竹中重門
細川忠興
古田重勝
島津義弘
織田有樂齋
島津豐久
加藤嘉明
金森長近
德川家康最初陣地
小西行長
北国街道
筒井定次
生駒一正
宇喜多秀家
井伊直政
松平忠吉
中山道
桃配山
田中吉政
德川家康最後陣地
大谷吉繼
藤堂高虎
本多忠勝
平塚為廣
福島正則
寺澤廣高
京極高知
伊勢街道
朽木元綱
脇坂安治
小早川秀秋
松尾山
東軍 西軍 向東軍倒戈的西軍

家康起初為了提防在其背後南宮山布陣的西軍，而布陣於桃配山，但後來因為戰況好轉，因此讓大軍往前推進。

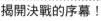

東1 松平忠吉‧井伊直政陣跡

揭開決戰的序幕！

開戰的當天早上，在本多忠勝的催促之下，兩人拋下了原本決定擔任先鋒的福島隊，率先對宇喜多隊開火。就此揭開了爭霸天下之戰的序幕。在戰役的最後，他們追擊撤退至伊勢街道的島津軍，但兩人最後都受了重傷。

址 不破郡関ケ原町大字関ケ原908-3 交 從關原站徒步約3分鐘

東首塚

設置於東首塚入口處的唐門，是從名古屋山王權現社主殿遷移過來的

東2 東首塚（首實檢之井）

埋葬了數千名戰死者之地

與西首塚相同，由竹中重門所建造的人頭塚。朱紅色的唐門內，有一棵巨大的栲樹，由家康進行「首實檢（譯註：以敵軍首級論戰功而行賞的制度）」的諸將皆埋葬於此。這裡還留著當時清洗首級鮮血的井。

址不破郡関ヶ原町大字関ヶ原908-3 交從關原站徒步約5分鐘

傳說為了家康所制定的「首實檢」，用於清洗西軍諸將首級的古井

東3 田中吉政陣跡

逮捕三成的田中吉政陣跡

田中吉政原是豐臣秀吉的外甥——秀次的筆頭家老（譯註：大名的家臣當中最重要的職位），在秀吉死後便接近家康。傳說開戰後，田中隊便突擊三成的陣地，與蒲生鄉舍隊展開激戰。田中隊還追擊敗逃的三成，6天後在伊吹山裡抓到了他。

址不破郡関ヶ原町大字関ヶ原959-2 交從關原站徒步約10分鐘

東4 德川家康最後陣跡

不畏西軍，在激戰中進軍

開戰後，為了僵持不下的戰況而焦躁的家康，開始從最初布陣的桃配山進軍，在距離西軍僅數百公尺的地點再次布陣。這樣的行動，當然對東軍諸將的士氣帶來莫大的鼓舞。據傳他也是從這裡對小早川隊所在的松尾山開火的。另外，戰爭結束後，「首實檢」和己方武將的引見，也是在這裡進行的。

址不破郡関ヶ原町大字関ヶ原959-2 交從關原站徒步約10分鐘

旅途良伴

書籍介紹

解開關原合戰之謎

桐野作人

解開「爭霸天下的關原」的謎團

這場日本史上最大的戰役，是必然發生的嗎？透過豐富的資料，顛覆家康出兵會津、大谷吉繼加入西軍而為義殉身、島津義弘不參戰、小早川秀秋觀望戰況等一般的通說！

謎解き
関ヶ原合戦
桐野作人
三成の泥縄、家康の計算違い
最後に勝敗を決めたのは?!
最新刊
アスキー新書

ASCII MEDIA WORKS
800日圓（含稅）

要衝之地・關原

位於交通要衝，自古就是要地

幾乎位於日本正中央的關原，是一個群山環繞的盆地，想要穿越東西，就必須經過山間的隘路才行，無疑是個交通要衝。

在政治方面，這裡從古代就設有「不破關」，被視為守護皇居的要衝。在壬申之亂中，大友皇子和大海人皇子為了爭奪天智天皇的繼承權，在此處展開激戰。最後由勝利的大海人皇子即位，成為天武天皇。關原之戰是在壬申之亂的九百二十八年後發生的。

史蹟關ヶ原古戰場
岡山烽火場

丸山山頂
0.2K 5分

通往陣跡的路不易辨識，請參考路標，往岡山山頂前進

国史跡関ヶ原古戦場
岡山烽火場
竹中重門陣跡
黒田長政陣跡

東5 黑田長政・竹中重門陣跡

傳遞戰況的狼煙場

陣地位於可以鳥瞰關原的岡山高台。黑田長政與竹中重門布陣於此，並在此升起開戰的狼煙。重門當時是關原的領主，熟知地理環境，是判斷何時開戰的最佳人選。在伊井直政的勸誘下轉而投靠東軍的重門，或許是東軍在關原之戰取得勝利的幕後功臣。

說明 陣跡位在登山步道旁，因此必須徒步前往。從這個陣跡穿過東海自然步道（ECOFIELD關原），就能抵達決戰地旁，是通往三成陣跡的捷徑。

址 不破郡関ケ原町大字関ケ原732-27 交 從關原站徒步約30分鐘

遠眺三成大本營所在的笹尾山

東6 福島正則陣跡

見證了當年戰役的杉樹至今仍健在

現在的春日神社，就是當時與宇喜多隊展開激戰的福島正則所布陣的地點，神社境內聳立著一棵樹齡800年的「月見宮大杉」。「關原之戰圖屏風」上也畫著這棵大杉樹，可見它從當時就是關原的象徵。

址 不破郡関ケ原町大字松尾111 交 從關原站徒步約20分鐘

春日神社

東7 藤堂高虎・京極高知陣跡

討伐強敵大谷吉繼

布陣於此的藤堂高虎・京極高知隊，是繼福島隊之後進軍的部隊。藤堂・京極隊與大谷吉繼互相對峙，最後因為小早川秀秋叛變而打敗了大谷隊。

說明 陣跡位在關原國中的校內，進入參觀時請尊重教職員與學生，保持安靜。

址 不破郡関ケ原町大字関ケ原2491-101 交 從關原站徒步約15分鐘

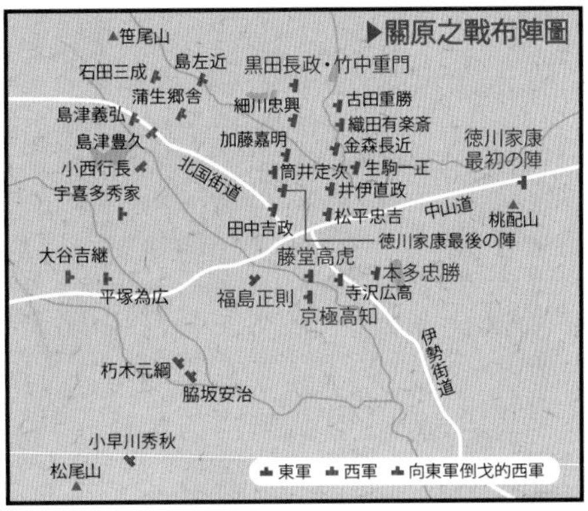

▶關原之戰布陣圖
笹尾山
島左近
黒田長政・竹中重門
石田三成
蒲生郷舎
細川忠興
古田重勝
島津義弘
織田有楽斎
島津豊久
加藤嘉明
金森長近
徳川家康
最初の陣
小西行長
北国街道
筒井定次
生駒一正
宇喜多秀家
井伊直政
中山道
田中吉政
松平忠吉
桃配山
徳川家康最後の陣
大谷吉継
藤堂高虎
本多忠勝
平塚為広
福島正則
寺沢広高
京極高知
伊勢街道
朽木元綱
脇坂安治
小早川秀秋
松尾山
東軍 西軍 向東軍倒戈的西軍

相對於背對山峰、丘陵布陣的西軍，布陣於平地的東軍，將陣地分為二列（二層）。黑田・細川VS石田、福島VS宇喜多等的戰況格外激烈。

取得這場勝利之後，天下就是我的囊中物了！

東8 本多忠勝陣跡

由軍監・本多忠勝指揮

從小就侍奉家康、有猛將之稱的本多忠勝，在關原之戰中卻布陣於後方，以軍監（譯註：律令制軍團中，在大將軍、副將軍之後的位階）的身份支援家康。此外，他還追擊了在他眼前逃亡的島津軍，將其殲滅。

說明 石碑位於住宅區，請留意路邊的導覽看板，以免錯過。

址 不破郡関ケ原町大字関ケ原3441-1 🚃 從關原站徒步約10分鐘

關原WARLAND

重現關原之戰的主題樂園

這裡有200尊以上的等身大彩色武將人像，依照關原陣形圖放置，真實地重現戰役。樂園中的關原之戰資料館裡，還展示著盔甲等物品。

址 不破郡関ケ原町大字関ケ原1701-6 🚃 從關原站徒步約30分鐘 ¥ 全票500日圓，兒童票300日圓 ⏲ 10：00～16：00（12～3月的平日至15：00）休 12/31（不定期休園）P 有

深入探訪 其他東軍的陣跡

東9 桃配山・德川家康最初陣跡

受傳說影響而布陣於此

德川家康一開始布陣的地點為桃配山。傳說大海人皇子在壬申之亂中出兵至此時，將這裡盛產的水蜜桃分配給士兵，提振士氣，最後贏得勝利。家康就是受到這個故事的影響而在此地布陣。但是當天因為起霧的關係，家康最後改變了布陣地。這裡現在還留著家康當時使用過的石椅和石桌。

址 不破郡関ケ原町大字野上1424-1 🚃 從關原站徒步約35分鐘

史蹟
關ヶ原古戰場

關原導覽 3

大垣・南宮山

介紹兩軍本隊對峙的大垣、毛利諸隊布陣的南宮山週邊與關原相關的史跡

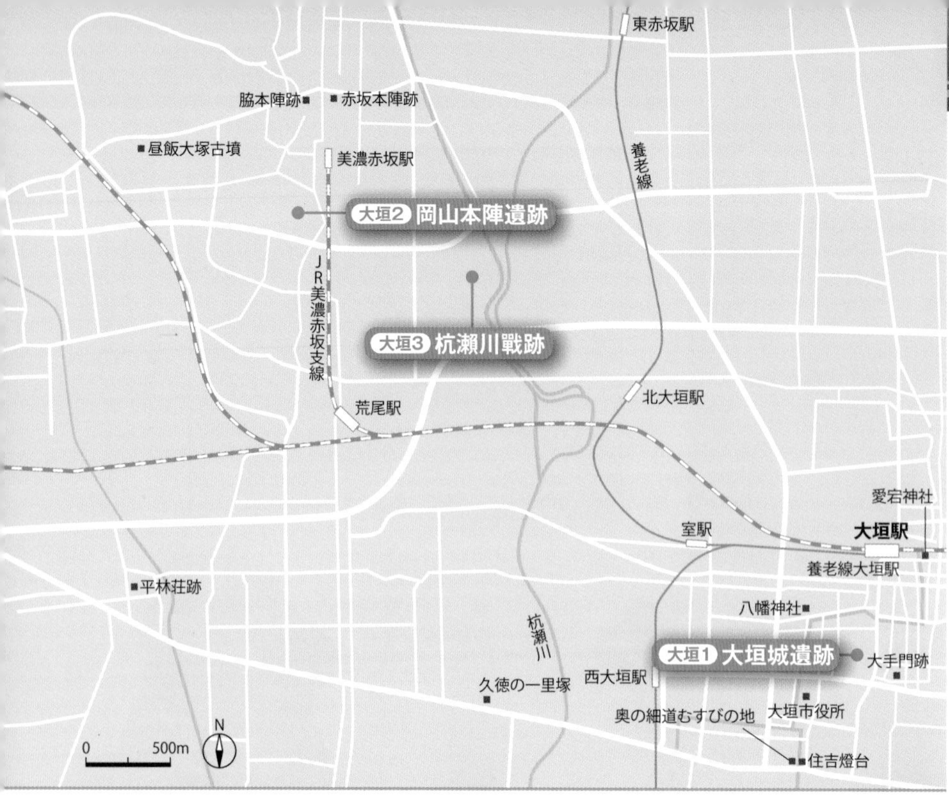

東赤坂駅
脇本陣跡
赤坂本陣跡
昼飯大塚古墳
美濃赤坂駅
養老線
大垣2 岡山本陣遺跡
JR美濃赤坂支線
大垣3 杭瀬川戰跡
荒尾駅
北大垣駅
愛宕神社
室駅
大垣駅
養老線大垣駅
平林荘跡
八幡神社
杭瀬川
大垣1 大垣城遺跡
大手門跡
久徳の一里塚
西大垣駅
大垣市役所
奥の細道むすびの地
住吉燈台
0
500m
N

大垣

三成在舉兵後，也就是八月十日入大垣城，將這裡設為前線司令部。另一方面，已經攻下岐阜城的東軍，則在岡山週邊布陣，與西軍進行對峙。就在家康進入大本營的九月十四日深夜，兩軍開始往關原移動……

大垣1 大垣城遺跡

成為西軍根據地的城

大垣城位於關原東方，城主伊藤盛正支持西軍陣營，於是三成入城，以此作為根據地，花了大約1個月的時間準備與東軍的決戰。關原主戰役結束後，東軍包圍並攻陷大垣城。復興天守（譯註：城堡中心處位置最高的瞭望臺）內有許多與關原相關的展示品，請務必前往參觀。

址 大垣市郭町2-52 交 從大垣站徒步約10分鐘 ¥ 全票100日圓，高中生以下免費 時 9：00～17：00（入館時間至16：30為止） 休 歲末年初（12/29～1/3） P 無

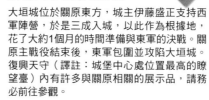

大垣2 岡山本陣遺跡

家康度過決戰前夜的大本營

設置在勝山山腳下的關原之戰慰靈碑

家康在決戰前一天過夜的大本營遺跡，距離大垣城大約4km。本多忠勝與井伊直政商量後，決定將此處定為家康的大本營。關原之戰勝利後，便改名為「勝山」。

址 大垣市赤坂町字勝山 交 美濃赤坂站徒步約5分鐘

地形微微隆起的勝山（岡山本陣）

大垣3 杭瀨川戰跡

西軍獲勝的前哨戰

關原之戰主戰役的前一天，這條河川附近發生了一些小規模的戰鬥。得知家康抵達的西軍派遣一支挑釁部隊前往大垣城，在岡山本陣附近放火。當東軍追上來時，西軍又在杭瀨川襲擊東軍，取下前哨戰的勝利。

從家康大本營的岡山所看見的南宮山。毛利秀元的陣城面向大垣

大垣市歴史民俗資料館
一里塚跡と常夜燈
南宮大社大一の鳥居
東海道本線
至関ヶ原
垂井町役場
垂井駅
垂井の泉
相川
大鳥居
南宮山2 池田輝政陣跡
南宮大社
南宮山1 安國寺惠瓊陣跡
南宮山3 吉川廣家陣跡
JR東海道新幹線

南宮山

毛利秀元、吉川廣家、安國寺惠瓊皆布陣於南宮山。九月十五日，也就是決戰當天，安國寺等人數度要求布陣於山頂的秀元出兵，然而擔任東軍內應的吉川隊，卻已經擋住了他們的去路。最後，南宮山的西軍根本沒有和東軍布陣於山腳下的池田輝政交鋒，聽到西軍潰敗的消息後便逃走了。

南宮山1 安國寺惠瓊陣跡

沒能戰鬥的軍僧末路

安國寺惠瓊早就預料到織田信長的死，同時看出秀吉的才能。他身為毛利家的外交官，叱吒戰國時代，在關原之戰中，也舉薦毛利輝元擔任西軍的總大將，但是由於吉川廣家擋住了他們的去路，於是他便始終留在這個陣地裡，直到戰爭結束。後來惠瓊被逮捕，和三成等人一同遭到處刑。

址 不破郡垂井町宮代

站 垂井站徒步約25分鐘

現在的南宮大社樓門

南宮山登山步道的入口處設有介紹陣跡的看板

南宮山2 池田輝政陣跡

為支援南宮山勢力而設的東軍後勤部隊

池田輝政負責在安國寺惠瓊、毛利秀元展開行動後，擔任後勤的角色。此陣跡也是足利持氏的遺孤——春王丸·安王丸的墓地。

址 不破郡垂井町宮代 站 垂井站徒步約15分鐘

南宮山3 吉川廣家陣跡

壓制南宮山勢力之陣

廣家以保全毛利家領地為條件，擔任東軍的內應，巧妙地阻擋了後方惠瓊隊、長宗我部隊等的去路，讓南宮山的勢力無法發揮作用。陣跡裡設有說明看板。

址 不破郡垂井町宮代 站 垂井站徒步約30分鐘

被誘導至關原的三成

九月十四日，家康進入岡山本陣後，由三成等人率領的西軍本隊當晚就從大垣城開始往關原移動。這時東軍也跟著往關原進軍，最後在黎明時分爆發爭霸天下之戰。

由此可見，三成看起來雖是戰略性地在關原布陣，但實際上真正的目的則是把家康引誘出來。三成原想守在大垣城裡，等正在攻打大津城的立花宗茂等西軍諸隊回來，但是家康卻不希望在大垣進行決戰。大垣城是一座有好幾道護城河圍繞的金城湯池，若演變為長期戰，那麼福島正則等欠秀吉恩情的諸將就有可能叛離。

一般認為，十四日就進入岡山的家康，是故意裝出立刻穿越關原，往近江方向進軍的樣子，試圖將三成等人引出關原。當然，也可能是因為家康擅於野戰，所以他想在自己最拿手的環境戰鬥。

伊達政宗

席捲奧州的獨眼龍　無時無刻覬覦著天下的左眼

仙台城大手門脇櫓

家紋＝竹雀

Date Masamune

年紀輕輕便繼承了家督，勢如破竹地擴大領地。他的智勇，連天下霸主都畏懼。身為仙台藩初代藩主的他，將仙台發展為東北首屈一指的都市。

生卒年	1567年（永祿10年）～1636年（寬永13年）
主要居城	米澤城、岩出山城、仙台城
主要戰役	人取橋之戰、摺上原之戰、關原之戰

歷經動盪時代的奧州霸者

連豐臣秀吉與德川家康都畏懼的獨眼龍．伊達政宗，在盛衰榮枯瞬息萬變的戰國時代，與這兩位天下霸主對等交手並存活下來，成為仙台藩六十二萬石的藩主，並將仙台發展為東北首屈一指的都市。

五歲就右眼失明的他，雖然經歷了這樣悲慘的遭遇，仍在十八歲就繼承了家督之位，展現出優異的能力與領袖風範，在群雄割據的東北地方嶄露頭角。雖然遭到周圍的佐竹氏、最上氏等強敵的屢次阻擋，但他在摺上原之戰打敗了宿敵蘆名氏，繼承家督才不過五年，就稱霸了南奧州。只可惜生不逢時，此時豐臣秀吉已經往東日本進軍，只差一步就能統一天下。秀吉率領著大軍進攻，就連關東的霸主北条氏也受到壓制，因此在秀吉的面前，政宗也只能臣服，不得已放棄了統一奧州的夢想。假如政宗早十年出生，一定會以稱霸天下為目標吧！政宗之所以有「遲來的英雄豪傑」之稱，就是這個原因。

政宗雖曾在秀吉前屈膝，但在那之後仍是左右時代的重要人物。在關原之戰中，他利用大膽的策略與家康鬥智，將天下霸主玩弄於股掌之間。此外，他不只擅長戰爭，也因為具有文化素養而受到極高的評價。

與伊達政宗淵源深厚之地

從城、神社到名產，仙台與政宗有關聯的東西不勝枚舉。另外，不妨也走一趟政宗中意的松島吧！

巡禮前先掌握 3大基礎知識

❶ 打倒強敵，成為奧州的霸主！

政宗在18歲繼承了家督後，便逐一打倒周圍的競爭對手。他在摺上原之戰打敗了宿敵蘆名氏，獲得伊達家史上最大領地時，年僅23歲。

❷ 打造東北第一的都市・仙台

關原之戰後，政宗致力於仙台藩的發展。他將城下町（譯註：以大名的居城為中心發展的城鎮）的名字從「千代」改為「仙台」，在經營領國上投注許多心血。他在青葉山打造了仙台城，同時盡力發展仙台的城鎮，振興商業。於是仙台藩在幕藩體制下獲得重要的地位，變得繁榮興盛。

❸ 發揮身為知識份子的才能

政宗擁有獨特的美感，具有文才且興趣廣泛。據說「伊達者（譯註：光鮮亮麗、打扮出眾的人）」這個詞彙，源自於出兵朝鮮的誓師大會上，政宗華麗的裝扮令秀吉及群眾深深著迷。政宗也喜歡烹飪，聽說現在的仙台名產中，有許多是政宗發明的。

政宗菩提寺佇立的神聖場所

松島 ➡P.28

被譽為日本三景之一的松島，最富盛名的美景，就是松島灣大大小小超過260座的諸島。國寶・瑞巖寺是政宗的菩提寺（譯註：供奉祖先牌位的寺廟），有政宗重建的五大堂，是政宗巡禮之旅中絕對不可錯過的景點。

松島・五大堂

從松島的根據地——松島海岸站開往仙台站的電車，1個小時只有2班左右。在出發前可要做好計畫唷！

由政宗打造的東北樞紐都市

仙台 ➡P.24

杜之都・仙台是政宗打造的繁華都市。政宗當時以仙台城作為根據地，成功地從戰國武將晉升為近世大名。鞏固伊達家地位之後，便領導仙台成為東北第一的都市，發展出獨特的文化。

仙台城・伊達政宗騎馬像

旅途良伴 書籍介紹

新奧羽永慶軍記（會津之卷）

安彥好重

東北第一手史料的口語譯本

《奧羽永慶軍記》是一本撰寫於17世紀末，描繪戰國時代伊達家與蘆名家激鬥的書。本書為白話的易讀版，內容只摘錄至二本松城被攻陷為止。

新奥羽永慶軍記
安彦好重
会津の巻
盛氏が、政宗が、奥州王国を夢みて駆けた。

歷史春秋出版
1575日圓（含稅）

馬上少年過

司馬遼太郎

司馬遼太郎筆下的政宗

政宗的出生晚於戰國爭亂時期又生在偏遠地區，因此在成為奧羽的梟雄之後，就無法再繼續發展了。本書為司馬遼太郎的短篇集，一共收錄了7篇，分別描繪不同歷史人物的生涯。

馬上少年過ぐ
司馬遼太郎

新潮社
662日圓（含稅）

伊達政宗

海音寺潮五郎

直木賞獲獎作家所描寫的伊達政宗

書中描寫從繼承家督到豐臣政權時期的政宗，並穿插豐富的逸事。雖是多達700頁的長篇小說，但作者不愧是評價極高的歷史小說作家，讀起來充滿樂趣，完全不會覺得冗長。

伊達政宗
海音寺潮五郎

學陽書房
1155日圓（含稅）

宮城縣

仙台

野心在杜之都略顯鋒芒

注目焦點是善戰的政宗所打造的仙台城！從本丸的瞭望臺可將城下町一覽無遺

❶愛宕神社

和居城一起不停遷移的神社

政宗每遷一次居城，愛宕神社便隨著依序遷往米澤、岩出山和仙台。神社的大繪馬（譯註：類似匾額的大型繪馬）當中，據說也有第5代．吉村所獻納的。

址宮城県仙台市太白区向山4-17-1 交從地下鐵南北線愛宕橋站徒步約10分鐘 ⏰休自由參拜 P有

❷瑞鳳殿

豪華絢爛的政宗靈屋

遵照政宗的遺言而建立在經峯的政宗靈廟。一度遭到空襲燒毀，後在1979年（昭和54年）重建。人們在燒毀當時，發現了政宗愛用的甲冑等陪葬品，而這些物品目前在隔壁的資料館展出。另外還設有第2代．忠宗的感仙殿、第3代．綱宗的善應殿。

址仙台市青葉区霊屋下23-2 交從仙台站搭乘市區公車（LOOPLE仙台）在「瑞鳳殿前」下車，徒步約1分鐘 ¥一般．大學生550日圓，高中生400日圓，小．國中生200日圓 ⏰休～11月為9：00～16：30，12～1月為9：00～16：00 休12/31 P有

吉祥物&武將隊

在仙台和Musubi丸及武將隊碰面吧！

Musubi丸是仙台．宮城的觀光宣傳科長，特徵為代表著宮城豐富糧食與文化的飯糰頭，以及政宗頭盔的前立裝飾。另外，奥州．仙台的款待團體——伊達武將隊，也經常在仙台城及各地舉辦的活動中宣傳仙台的魅力。

伊達武将隊

❸瑞鳳寺

與瑞鳳殿同時建立的菩提寺

瑞鳳寺是在1637年（寬永14年）由第2代．忠宗建立，是政宗的菩提寺。寺裡供奉的主神為釋迦牟尼佛、文殊菩薩與普賢菩薩，都是由平泉毛越寺遷移至此的。

址仙台市青葉区霊屋下23-5 交從仙台站搭乘市區公車（LOOPLE仙台）在「瑞鳳殿前」下車，徒步約5分鐘 ⏰休白天隨時 P有

政宗所打造的六十二萬石城下町

進入江戶時代後，政宗便將稱霸天下的野心藏在心底，為了仙台藩的興盛和存續四處奔波。他致力於開墾田地等產業發展，就這樣度過了與熱衷戰爭的前半生恰恰相反的後半生。

到了晚年，政宗移居至仙台城下的隱居城——若林城。一生擔任藩主的政宗，似乎在此以充滿文化素養的知識份子之姿，度過安祥的時光。有一面被認為是若林城內拉門的屏風，上面有政宗親筆寫下的詩歌。政宗七十歲辭世後，後世遵照他的遺言，將他埋葬在經峯，由第二代藩主．忠宗建立了瑞鳳殿。

這個行程的距離較遠，不適合徒步，請多加利用市區循環巴士。

模範行程

仙台站
⬇電車約3分，徒步約10分
❶愛宕神社
⬇徒步約20分
❷瑞鳳殿
⬇徒步即達
❸瑞鳳寺
⬇公車約10分
❹仙台市博物館
⬇徒步約1分
❺仙台城大手門脇櫓
⬇徒步約10分
❻仙台城本丸
⬇徒步約5分
❼青葉城資料展示館
⬇徒步約10分
❽龍之口溪谷
⬇（從仙台城跡公車站）公車約20分
❾大崎八幡宮
⬇公車約10分→徒步約15分
❿青葉神社
⬇公車約10分→電車約10分
仙台站

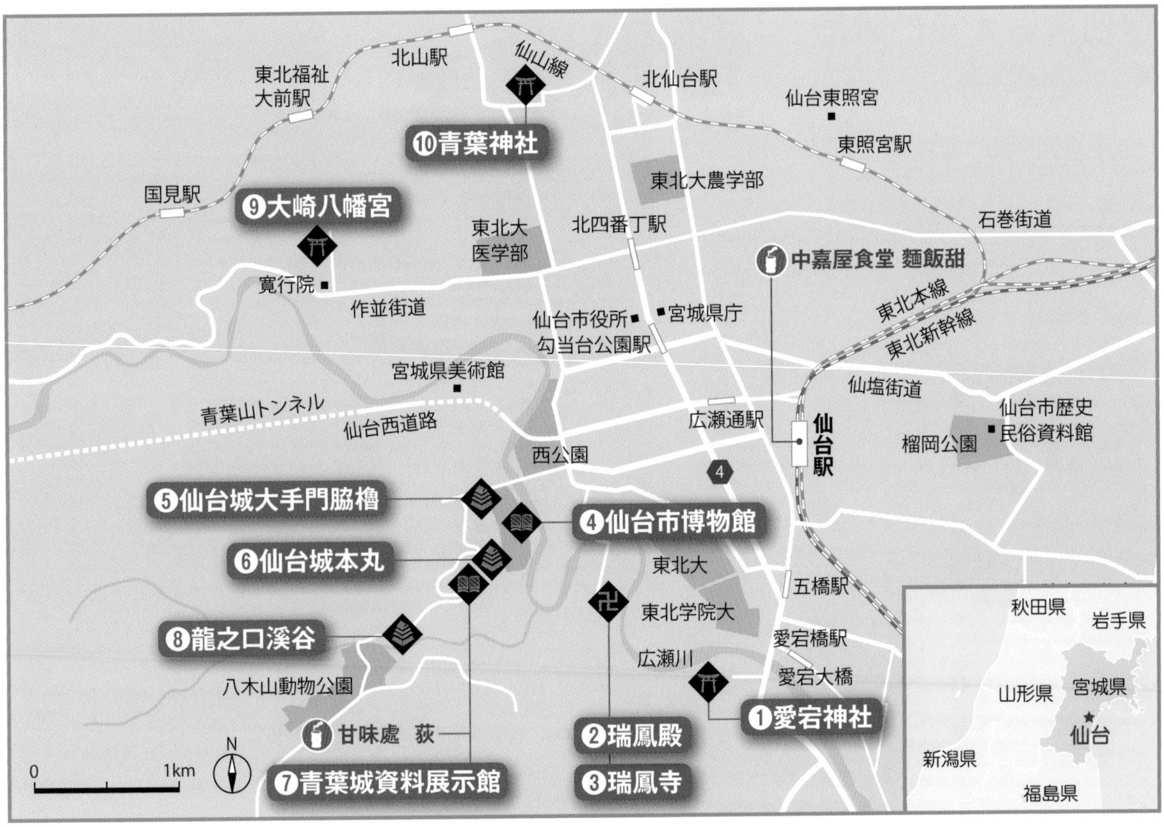

東北福祉大前駅
北山駅
仙山線
北仙台駅
仙台東照宮
東照宮駅
⑩青葉神社
東北大農学部
国見駅
⑨大崎八幡宮
東北大医学部
北四番丁駅
石巻街道
中嘉屋食堂 麵飯甜
寛行院
作並街道
仙台市役所
宮城県庁
勾当台公園駅
東北本線
東北新幹線
宮城県美術館
仙塩街道
青葉山トンネル
仙台西道路
広瀬通駅
仙台駅
仙台市歴史民俗資料館
榴岡公園
西公園
4
⑤仙台城大手門脇櫓
④仙台市博物館
⑥仙台城本丸
東北大
五橋駅
東北学院大
⑧龍之口溪谷
愛宕橋駅
広瀬川
八木山動物公園
愛宕大橋
①愛宕神社
甘味處 萩
②瑞鳳殿
0
1km
N
⑦青葉城資料展示館
③瑞鳳寺
秋田県
岩手県
山形県
宮城県
仙台
新潟県
福島県

▶▶前往仙台站的交通方式

東京	東京站	東北新幹線 約1小時40分鐘		仙台站
大阪	伊丹機場	飛機 約1小時10分鐘	仙台機場	巴士 約30分鐘

車 從東北自動車道．仙台宮城 IC 約 15 分鐘

黑漆五枚胴具足（重要文化財）

館內展出這些史料！

可以接觸到政宗有別於戰國武將的另一種文人面貌

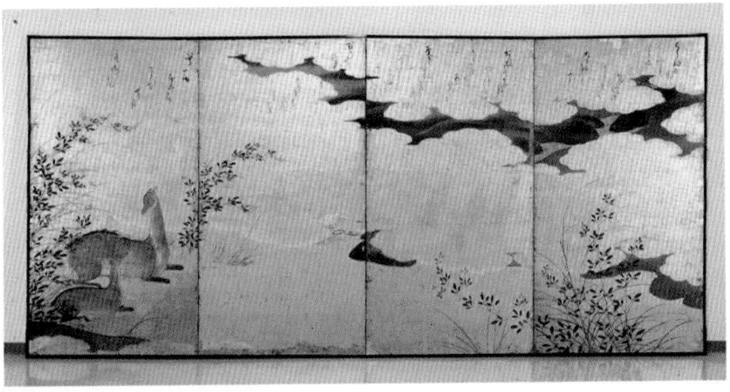

萩鹿圖屏風（左隻）（譯註：成對屏風的左側）

❹仙台市博物館

收藏著政宗所使用之裝備的博物館

館內收藏與伊達家有關的各種物品。包括正宗那套三日月（新月）前立裝飾讓人印象深刻的「黑漆五枚胴具足（譯註：甲冑）」、保留了政宗筆跡的「萩鹿圖屏風」，以及被指定為國寶的慶長遣歐使節關係資料等等，非常值得一看。（展覽品會隨季節更換）

址仙台市青葉区川内26 ☎022-225-3074 交從仙台站搭乘市區公車（LOOPLE仙台或710～720系統※718除外）於「博物館．國際中心（国際センター）前」下車，徒步約1分鐘 ¥一般．大學生400日圓，高中生200日圓，小．國中生100日圓 L9：00～16：45（入館時間至16：15為止） 休星期一（如遇國定假日．補假日則開館）、國定假日．補假日的隔日（如遇星期六．日．國定假日則開館）、12/28～1/4 P有

❺仙台城大手門脇櫓

仙台城的正門玄關

包括被指定為國寶的大手門在內，仙台城有許多建築物都在戰爭中被摧毀。現在大手門前的脇櫓（譯註：城上供偵察或射擊的瞭望樓）已經重建，城內還保有當時風貌的建築物也只剩此處。如想感受當時城裡的氛圍，這裡是絕佳的拍照地點。

址 仙台市青葉区川内1 巴 從仙台站搭乘市區公車（LOOPLE仙台）在「博物館．國際中心（国際センター）前」下車，徒步約3分鐘 休 白天隨時 P 無

(A)

(C)

⮊支倉常長立像

支倉常長是在政宗的命令之下被派遣到歐洲的武將，他的人像就佇立在大手門遺跡附近。

慶長遣歐使節團

1613年（慶長18年），政宗命支倉常長為正使，派遣他率領人數多達150人的使節團前往歐洲。一般認為此行的目的是代替幕府進行國際貿易，但也有一說是政宗想和歐洲諸國聯手，密謀推翻德川幕府。

⮊二之丸東面

值得注意的，是大手門脇櫓對面、很容易被忽略的石牆。應該可以發現它是由大小相同的石頭，整齊地排列出來的吧！這道牆是以江戶時代最先端砌牆技術「切込接」打造而成的。

(B)

(D)

❻仙台城本丸

仙台藩築城技術的結晶

本丸（譯註：日本城堡的中央部份）東北部的石牆，是一面傾斜70度的雄偉石牆，其雄偉景觀被譽為東北第一。

址 仙台市青葉区川内1 巴 從仙台站搭乘市區公車（LOOPLE仙台）在「仙台城跡」下車，徒步約3分鐘 休 白天隨時 P 無

仙台城區域劃分

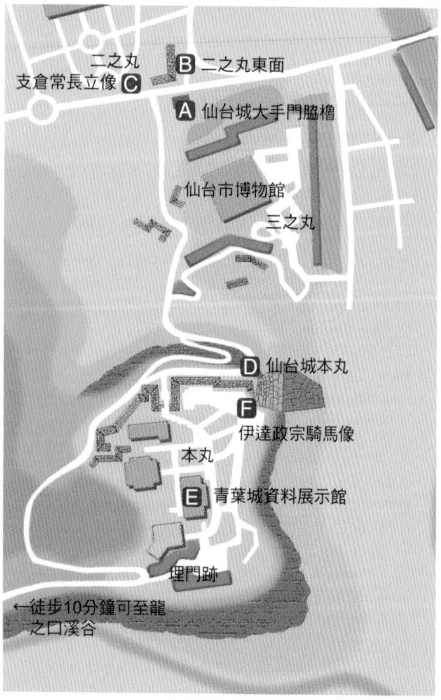

二之丸
支倉常長立像 C
B 二之丸東面
A 仙台城大手門脇櫓
仙台市博物館
三之丸
D 仙台城本丸
F
伊達政宗騎馬像
本丸
E 青葉城資料展示館
理門跡
←徒步10分鐘可至龍之口溪谷

❼青葉城資料展示館（仙台城內）

透過模型及CG劇場認識仙台城

除了伊達家的相關資料之外，館內也可以看見仙台城的全景及大手門、大廣間（譯註：建築物內供集會等的大房間）的模型或CG影像。仙台城內除了大手門脇櫓之外，就沒有其他修復重建的建築，因此可以透過這些方式來揣摩仙台城當時的樣貌。

址 仙台市青葉区天守台青葉城址 巴 從仙台站搭乘市區公車（LOOPLE仙台）在「仙台城跡」下車，徒步約1分鐘 ☎ 022-222-0218 ¥ 一般．大學生700日圓，中．高中生500日圓，小學生300日圓 ⏱ 4/1～11/3為9：00～17：00（11/4～3/31為9：00～16：00，最後入館時間為閉館前30分鐘） 休 全年無休（但一年內會有幾天因為維修而休館） P 有

(E)

青葉城資料展示館

(F) 伊達政宗騎馬像

巡禮重點！

從八木山橋望出去的景緻，正是讓人瞭解仙台城有多麼堅不可破的重點。雖然必須走一段路，但請務必前往一探。

❽龍之口溪谷

守護城的天然要害

穿過仙台城本丸，再往南方走，就會看見埋門跡。再往前走，就是一處名為龍之口溪谷的峭壁，以天然的地形阻擋入侵者。若想照相，推薦地點為順著步道走約10分鐘的八木山橋一帶。

址 仙台市青葉区川内 交 從仙台站搭乘市區公車（719系統）在「八木山橋」下車，徒步即達 時休 白天隨時 P 無

❾大崎八幡宮

政宗打造的仙台總鎮守

政宗在仙台城的西北方建造了社殿，作為仙台的總鎮守（譯註：每個神社都是鄰近土地上村落的「鎮守神社」，而總鎮守則是統整管理鎮守神社的神社）。此社殿被指定為國寶，是傳承桃山文化的最古老建築物。

址 仙台市青葉区八幡4-6-1 交 從仙台站搭乘市區公車（往南吉成）在「大崎八幡宮前」下車，徒步約1分鐘／從仙山線國見站或東北福祉大學前站徒步約15分 時 9:00～17:00 P 有

❿青葉神社

明治時代建立，祭祀政宗的神社

以祭祀伊達政宗的神號・武振彥命的神社，1874年（明治7年）建立。仙台最具代表性的青葉祭，就是源自於此神社的祭禮。現在的宮司（譯註：神社中負責祭祀的人，同時也負責管理神社社務與神職・職員）是片倉小十郎的子孫。

址 仙台市青葉区青葉町7-1 交 從仙山線北仙台站徒步約10分鐘 時休 白天隨時 P 有

◎仙台・青葉祭

青葉神社每年在伊達政宗的祭日——5月24日，會舉辦祭禮，而這就是青葉祭的起源。祭典中有山鉾（譯註：花車的一種）、抬神轎、武士遊行以及麻雀舞等等。

日期：每年5月第3週的週末

地點：仙台市市中心

小憩片刻

◆甘味處　萩

與青葉城資料展示館位在同一棟建築內的茶屋。搭配據傳由政宗發明的毛豆麻糬（ずんだ餅），喝杯茶。最推薦配色美麗的三種口味組合。

址 仙台市青葉区天守台青葉城址 ☎ 022-222-0218 交 從仙台站搭乘市區公車（LOOPLE仙台）在「仙台城跡」下車，徒步約1分鐘 時 9:00～17:00 休 不定期公休 P 有

◆中嘉屋食堂　麵飯甜

最推薦中華拉麵，麵中使用的仙台味噌，據説是政宗發明的。位於仙台站內，隨時可以前往，可以在巡禮之旅的回程前往享用。

址 仙台市青葉区中央1-1-1 ☎ 022-722-2801 交 仙台站內 時 11:00～23:00 休 全年無休 P 無

深入探訪

陸奧國分寺

政宗重建的日本最北的國分寺

因為聖武天皇祈願而建立的國分寺之一。據説當時的規模與奈良的東大寺相當。後來雖然在源賴朝侵略奧州時燒毀，但政宗重建了藥師堂等建築。

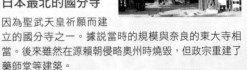

址 仙台市若林区木ノ下3-8-1 交 從仙台站搭乘市區公車（往大和町）在「木下4丁目」或「藥師堂」下車，徒步約1分鐘 時休 白天隨時 P 有

宮城縣

松島

嶄露政宗的品味，日本首屈一指的風景名勝地

眺望風光明媚的松島美景 造訪與政宗有歷史淵源的各個寺院

松島最有名的觀光景點，就是政宗親自規劃區域，花了四年歲月完成的國寶・瑞巖寺。這間寺院作為政宗的菩提寺，受到伊達家的崇敬，為東北規模最大的寺院。除此之外，松島還有政宗和瑞巖寺一起重建的五大堂、祭祀政宗之孫・光宗的圓通院等許多與伊達家相關的史跡。

從五大堂前往松島海岸站途中，會經過觀瀾亭，從這裡眺望松島灣的景緻非常壯觀。請好好享受被譽為日本三景之一的美麗風景吧！

❶觀瀾亭・松島博物館

在伏見寺的茶室休憩

據説這是豐臣秀吉賜給政宗的，為伏見城的其中一棟，移建至江戶品川藩邸後，最後由第2代藩主・忠宗將其移至此處。在觀瀾亭可以享用抹茶，最適合休息片刻。松島博物館的展示品則包括武具裝備、裝身具（裝飾品）和化妝工具等。

址 宮城県宮城郡松島町松島字町内56 ☎022-353-3355 交 從松島海岸站徒步約5分鐘 ¥全票200日圓，大學・高中生150日圓，小・國中生100日圓 ⏱8：30～17：00（11～3月為8：30～16：30） P無

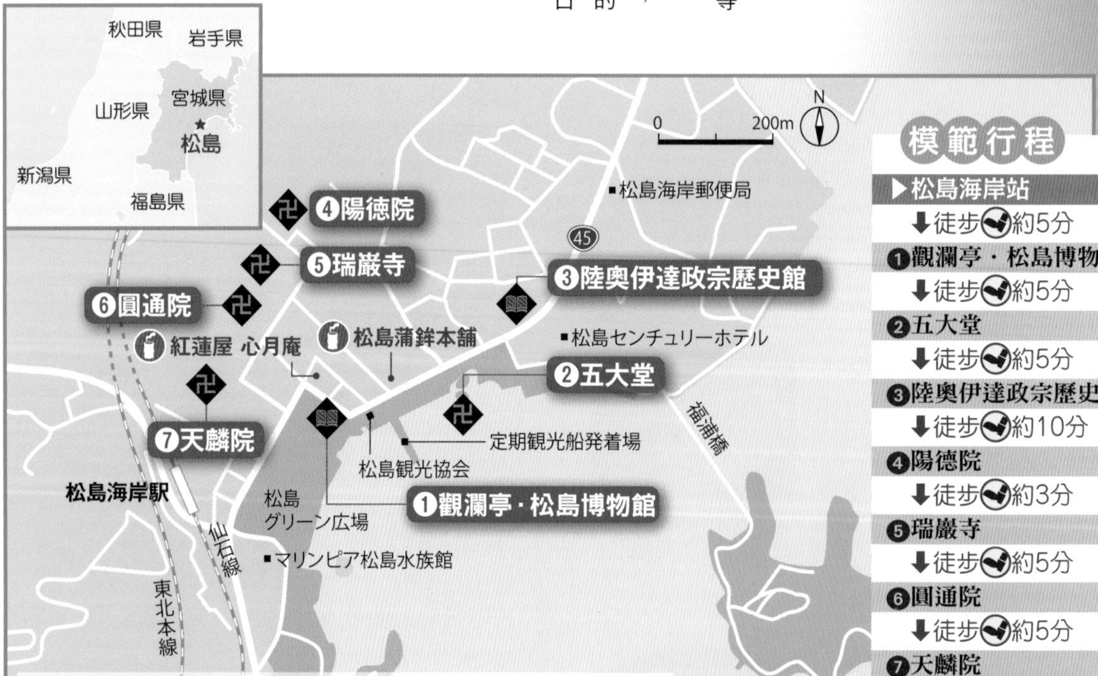

秋田県
岩手県
宮城県
山形県
松島
新潟県
福島県
0
200m
N
■松島海岸郵便局
45
❹陽德院
❺瑞巌寺
❸陸奥伊達政宗歷史館
❻圓通院
紅蓮屋 心月庵
松島蒲鉾本舗
■松島センチュリーホテル
❷五大堂
福浦橋
❼天麟院
定期観光船発着場
松島観光協会
松島海岸駅
松島
グリーン広場
❶觀瀾亭・松島博物館
仙石線
■マリンピア松島水族館
東北本線

▶▶前往松島海岸站的交通方式

東京	東京站	東北新幹線 約1小時40分鐘	仙台站	仙石線 約40分鐘				松島海岸站
大阪	伊丹機場	飛機 約1小時10分鐘	仙台機場	仙台機場聯絡線 約25分鐘	仙台站	仙石線 約40分鐘		松島海岸站

車 從仙台松島道路・松島海岸 IC 約 3 分鐘

模範行程

▶松島海岸站
⬇徒步約5分
❶觀瀾亭・松島博物館
⬇徒步約5分
❷五大堂
⬇徒步約5分
❸陸奥伊達政宗歷史館
⬇徒步約10分
❹陽德院
⬇徒步約3分
❺瑞巖寺
⬇徒步約5分
❻圓通院
⬇徒步約5分
❼天麟院
⬇徒步約6分
▶松島海岸站

❷五大堂

日本三景・松島的象徵

由坂上田村麻呂建立，之後又由慈覺大師円仁在此安置了五大明王像，因此有五大堂之稱。現在的建築物是政宗在1604年（慶長9年）所打造，採用桃山式建築手法。堂四面的蟇股（譯註：寺院、神社等建築放在樑上的山形裝飾），裝飾著依方位配置的十二地支雕刻。

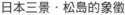

址宮城郡松島町松島字町内111 交從松島海岸站徒步約7分鐘 ⏱8：30～17：00左右 P無

❸陸奧伊達政宗歷史館

展示政宗戲劇化的人生

從政宗出生到首次出征、建築仙台城等依照史實，將政宗充滿傳奇的一生分成25個場景重現。表情豐富的250尊等身大人像，將帶領您進入戰國的世界。

址宮城郡松島町松島字普賢堂13-13 ☎022-354-4131 交從松島海岸站徒步約10分鐘 ¥全票1,000日圓，小・國中・高中生500日圓 ⏱9：00～17：00（最後入館時間為閉館前30分鐘） P有

❹陽德院

政宗之妻・愛姬的廟所

照片提供：瑞巖寺

由第2代・忠宗所建立，為政宗的正室・愛姬的廟所。愛姬在12歲就嫁給政宗，生下了後來嫁給松平忠輝的五郎八姬以及忠宗等4個孩子。得知政宗的死訊後，她便出家，改稱陽德院。

址宮城郡松島町松島字町内93 交從松島海岸站徒步約10分鐘 ⏱8：00～17：00 P無

❺瑞巖寺

政宗振興的伊達家菩提寺

傳說政宗在老師虎哉宗乙的建議下，開始著手整建瑞巖寺，並親自規劃區域。本堂（譯註：位於寺院中央，安置佛像的建築物）和禪宗寺院的廚房「庫裡」，都被指定為國寶。

址宮城郡松島町松島字町内91 交從松島海岸站徒步約10分鐘 ¥全票700日圓，小・國中生400日圓 ⏱12月～1月為8：00～15：30，2・11月為8：00～16：00，3・10月為8：00～16：30，4～9月為8：00～17：00 P無

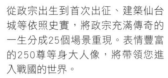

瑞巖寺庫裡　照片提供：瑞巖寺

館內展出這些史料！

伊達政宗甲冑倚像（瑞巖寺）

吟詠松島的政宗

自古就有許多人透過詩歌吟詠松島之美。雖是武將，但同時也是文人的政宗，當然也寫下了讚嘆此地美景的詩歌。

月兒升起時（いづる間も）
情不自禁地眺望在陸奧之地
（ながめこそやれ　陸奥の）
等待松島之明月於秋日傍晚時分
（月まつ島の　秋のゆふべは）

將「等待月亮（月まつ）」與「松島（まつ島）」作為雙關語，描寫在秋天傍晚時分，期盼著月光下的松島風景的心情，巧妙地詠嘆。

深入探訪

松島的壯麗景點有「四大觀」之稱，各有其名稱。「幽觀」據說是過去仙台藩主的茶屋的所在地，可以欣賞藩主也曾看過的松島風景。另外還有位在山間，景緻寧靜的「麗觀」、有海浪沖打斷崖這種壯闊景象的「偉觀」，以及四大觀中視野最遼闊的「壯觀」。可以一一造訪，徹底體驗松島的美景。

幽觀（扇谷）：從松島海岸站至登山口開車約4分鐘／麗觀（富山）：從陸前富山站徒步約45分鐘／偉觀（多聞山）：從多賀城站至登山口開車約15分鐘，至山頂徒步約10分鐘／壯觀（大高森）：從野蒜站至登山口開車約15分鐘，至山頂徒步約20分鐘

政宗的家人

傳說政宗之父．輝宗，是戰國時代中罕見具有敦厚性格的人；相反地，母親義姬則是最上氏出身，有「奧羽鬼姬」之稱的烈女。她為了擁立政宗之弟．小次郎而試圖毒殺政宗的故事，也廣為人所知。

政宗在十三歲的時候就與小他一歲的愛姬結婚。他們的求子之路相當艱辛，直到結婚近二十年，長女五郎八姬才誕生。之後，政宗與愛姬又生下了第二代藩主．忠宗，總共四個孩子。大河劇《獨眼龍政宗》裡的「貓御前」，也就是側室．新造所生的秀宗，則成為了宇和島伊達藩之祖。

伴手禮專區

可以在仙台＆松島買到的各種伴手禮

MASAYAN

←就把重要文件放進這裡吧！（315日圓）

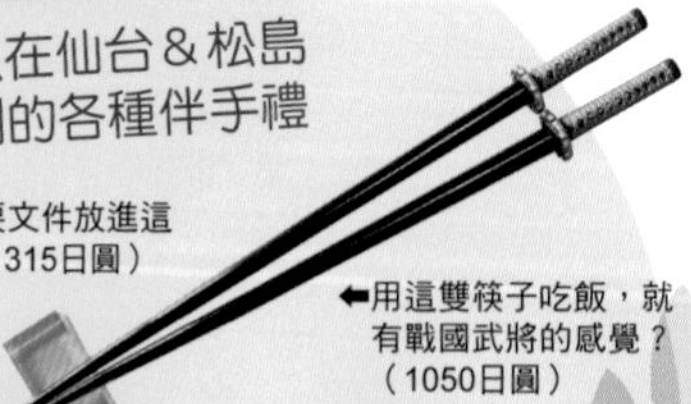

←用這雙筷子吃飯，就有戰國武將的感覺？（1050日圓）

↑宮城縣的觀光宣傳吉祥物．Mushibi丸的扇子（840日圓）

←經典伴手禮吊飾，有貌似政宗的角色（420日圓）

仙台
政宗の刀

←本以為是玩具刀，沒想到……竟然是年輪蛋糕（500日圓）

❻圓通院

政宗之孫．光宗的靈廟

第2代．忠宗的次男——光宗的菩提寺。位於庭院最深處是名叫三慧殿的御靈屋（祠堂），裡面安置的宮殿型佛壇櫃，供奉著騎在馬上、身穿朝服的光宗像。本堂的大悲亭，是將光宗停留在江戶時所居住的行館拆解移建至此的。

址 宮城郡松島町松島字町内67 🚃從松島海岸站徒步約5分鐘 ¥ 全票300日圓，高中生150日圓，小．國中生100日圓 🕒4月～11月為8：30～17：00，12～3月為9：00～16：00 P無

❼天麟院

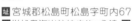

政宗的愛女．五郎八姬的菩提寺

政宗的女兒．五郎八姬，嫁給了德川家康的六男松平忠輝。這間五郎八姬的菩提寺，與陽德院、圓通寺並稱松島的三大靈廟。靈屋後方的洞窟，有政宗的三男．清宗、四男．宗泰的供養塔，記得別漏了參觀這裡。

址 宮城郡松島町松島字町内51 🚃從松島海岸站徒步約6分鐘 🕒8：00～17：00 P無

小憩片刻

◆松島蒲鉾本鋪

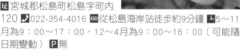

開業超過75年，歷史悠久的老牌魚板專賣店。總店在從觀瀾亭．松島博物館前往五大堂的途中。

址 宮城郡松島町松島字町内120 ☎022-354-4016 🚃從松島海岸站徒步約9分鐘 🕒5～11月為9：00～17：00，12～4月為9：00～16：00（可能隨日期變動） P無

◆紅蓮屋 心月庵

松島こうれん
松島こうれん

傳說鎌倉時代，松島的紅蓮尼姑將米磨成粉，製成名為「松島紅蓮」的煎餅，布施給村人。這間老店將此煎餅代代相傳，至今已是23代。

址 宮城郡松島町松島字町内82 ☎022-354-2605 🚃從松島海岸站徒步約4分鐘 🕒8：30～18：00 休12/31～1/4（歲末年初公休） P有

仙台・松島以外與政宗有淵源之地

除了仙台、松島以外，還有許多地方與政宗具有淵源。在此介紹其中幾處。

鹽竈神社

收藏了歷代藩主的獻納品

擁有超過1200年歷史的神社。伊達氏相當崇敬此神社，歷代藩主獻納的太刀等物品皆流傳至今，可在神社裡的博物館欣賞。

址 宮城県塩竈市一森山1-1 交 從仙石線本塩竈站徒步約7分鐘 ¥ 博物館／全票200日圓，國中．高中生150日圓，小學生80日圓 時 5:00～20:00（博物館／8：30～17：00※冬季可能有所變動） P 有

岩出山城遺跡（城山公園）

政宗住過12年的城

遭懷疑煽動秀吉謀反的政宗，雖然洗刷了清白，但仍奉命從祖先代代居住的米澤城搬到岩出山城，於是政宗在移居至仙台城之前，便以此作為居城。城裡的政宗像，原是設置在仙台城的。

址 宮城県大崎市岩出山字城山 交 從陸羽東線有備館徒步約15分鐘 時休 白天隨時 P 有

白石城

政宗的軍師．片倉小十郎的居城

自從1602年（慶長7年）片倉小十郎景綱入城以來，歷代皆由片倉家擔任城主。江戶時代原則上雖是一國一城制，但仙台藩卻例外。此外，這座城也是許多歷史事件的舞台，例如在戊辰戰爭中，奧羽越列藩同盟便是在這座城結盟。

址 宮城県白石市益岡町1-16 交 從東北本線白石站徒步約10分鐘 ¥ 全票300日圓，國中．高中生150日圓（城內其他設施費用另計） 時 9：00～17：00（11～3月為9：00～16：00） 休 12/28～12/31 P 有

政宗深藏不露的野心

江戶時代原則上雖是一國一城制，但仙台藩卻破例留下仙台城與白石城兩座城池，更有二十一座城改以「要害」之名保留下來。即使到了德川治天下之世，政宗仍保有強大的戰力，對幕府而言，無疑是個威脅。

走訪古戰場

政宗在十八歲繼承家督之後，便包圍大內領小手森城，將之殲滅。這場猛烈的攻擊，讓奧州的其他對手們畏懼不已。之後，原本前來求和的二本松義繼，竟綁架了政宗之父．輝宗，於是政宗便射殺了義繼和父親。政宗攻擊二本松城，作為慰靈之戰，於是與前來救援二本松城的佐竹氏．蘆名氏聯軍在人取橋展開激戰。雖然當時的伊達軍只有八千人，聯軍有三萬人，狀況對政宗非常不利，但是在家臣的不顧生命的纏鬥下，終於順利突破重圍，在摺上原之戰打敗了蘆名氏，自此成為奧州霸主。

二本松城（霞城公園）

政宗在經過人取橋戰役等激戰之後得手的南奧州要地。這裡也是其後戊辰戰爭的戰場，更發生少年隊（譯註：戊辰戰爭中由12 ～17歲的少年所組成的部隊）的悲劇。現在此處已整建為霞城公園，天守台和石牆也復原重建了。

址 福島県二本松市郭內3、4 交 從東北本線二本松站徒步約20分鐘 時休 白天隨時 P 有

人取橋古戰場遺跡

戰場遺跡上立有石碑，彰顯戰死於此的鬼庭左月。據說政宗將大本營設置在從本宮站前往此地途中的日輪寺。不妨親自站在現場，想像政宗當時眼中的戰場是什麼模樣。

址 福島県本宮市青田字茂庭 交 從東北本線五百川站或本宮站徒步約40分鐘 時休 白天隨時 P 無

真田幸村

紅色鎧甲與六文錢是他的註冊商標！被譽為「日本第一兵」的男子

上田城櫓門

家紋＝六文錢

Sanada Yukimura

真田幸村是智將・真田昌幸的次子，青年期在上杉家、豐臣家當人質，不過晚年在大坂之陣展現出勇猛的戰績，成為流傳後世的武將。

生卒年
1567年（永祿10年）～1615年（慶長20年）

主要居城
上田城

主要戰役
小田原征伐、第二次上田合戰、大坂東之陣、大坂夏之陣

真田家首屈一指的名人 在上田、大坂非常活躍

真田幸村是至今仍極受歡迎的武將之一。他的家鄉位於現在的長野縣上田，從他的祖父幸隆到他的父親昌幸，真田一家代代守護著這塊土地。

幸村參加了關原之戰的前哨戰——第二次上田合戰。相對於率領著三萬八千名德川家有力家臣團的家康嫡子・秀忠，真田軍只有僅僅三千人，但多虧了昌幸的神機妙策，真田軍漂亮地守了下來，使得秀忠遲了許久才抵達關原。關原之戰中，西軍敗北之後，昌幸・幸村父子被流放到九度山，上田則由幸村投靠東軍的兄長・信之繼承。之後，信之的封地移封至信州松代，替持續二五〇年的松代藩打下基礎。

幸村是在關原之戰後發生的大坂之陣戰役中，成為真田家第一名人的。幸村在豐臣家的召募下，離開九度山，進入大坂城。據說全身穿著紅色鎧甲的「赤備」真田軍，讓德川軍相當懼怕。在大坂夏之陣中，幸村為了取下家康的人頭，三次突襲敵陣，但最後功虧一簣，戰死沙場。但是他在這一役中驍勇善戰的表現，成為許多浮世繪、說書、小說的題材，廣為後世傳頌。

與真田幸村淵源深厚之地

不只是真田的根據地上田，在大坂之陣大顯身手的大坂城、兄長．信之所治理的松代，也值得注目！

巡禮前先掌握 3大基礎知識

❶ 在上田城迎擊敵兵！

以上田城為舞台進行了2次戰役，都是由幸村之父．昌幸負責指揮。在第一次上田合戰中，昌幸以1200名兵力抵擋德川譜代（譯註：江戶時代，從關原之戰前就是德川家臣的大名）的武將所率領的7千士兵。在第二次上田合戰中，則成功阻擋了3萬8千名德川秀忠軍。據說兩場戰役幸村都參與了。

❷ 在大坂之陣對家康的首級虎視眈眈

參戰大坂之陣的幸村，在天王寺口一役中，像是做出最後的抵抗一般，突擊了家康的大本營，試圖取下家康的首級。幸村的突擊非常猛烈，推倒了家康自從三方原之戰以來從未倒下的旗幟，可惜最後仍功虧一簣。

❸ 延續至江戶時代的真田一族血脈

在面臨爭霸天下的關原之戰時，真田家安排兄長．信之加入德川陣營、安排幸村加入石田陣營，如此一來無論哪一方落敗，真田家都可以存續。最後德川勝利，繼承真田家的信之便成為了松代藩的初代藩主。於是真田家繼續治理松代，直到明治廢藩制縣。

幸村與父親昌幸共同守下的土地

上田 ➲P.34

這裡最有名的，就是在第一次、第二次上田合戰中，以寡敵眾，擊敗德川大軍的上田城。此外，上田郊外的真田町，有幸村的祖父幸隆攻下的砥石城等，是探索真田家根源的必訪景點。

真田昌幸．幸村守護的上田城

由幸村之兄．信之所統治，延續真田家的血脈

松代 ➲P.38

真田松代藩的第一任藩主是幸村之兄．信之，這個藩一直延續至幕末。除了歷代藩主的菩提寺——長國寺之外，還有武家宅邸等等，可以認識「江戶時代的真田家」。

松代的象徵．松代城

與家康展開激戰

大阪 ➲P.42

大阪留有許多與幸村相關的史跡，包括幸村在大坂冬之陣中布陣的真田丸遺跡，以及隔年夏之陣中，幸村最後喪命之地安居天神等等。

幸村最後一戰的舞台——大阪

旅途良伴 書籍介紹

真田幸村
海音寺潮五郎

幸村愛上尼姑的青年時代

故事的一開始，就描寫遠行的幸村對一名美麗的尼姑一見鍾情。書中描寫的幸村不是馳騁沙場的勇猛武將，而是一名普通的青年，值得一看。

海音寺潮五郎
真田幸村
上

學陽書房　上．下集
882日圓（含稅）

真田三代
火坂雅志

描繪出充滿獨特個性的一族

《天地人》作者火坂雅志所撰寫的真田三代記，內容描寫從幸村的祖父．幸隆這一代開始，到幸村之父．昌幸、幸村的活躍事蹟。書中以獨特的角度來探討真田家強盛的原因。

火坂雅志
真田三代
上

NHK出版　上．下集
各2100日圓（含稅）

真田幸村～真田十勇士
柴田錬三郎

設定出乎意料的真田十勇士

真田十勇士是幸村的家臣，在本作的設定中，猿飛佐助是武田的遺孤，霧隱才藏是外國人，令讀者驚奇不斷。宛如幻想般的世界觀也是魅力之一。

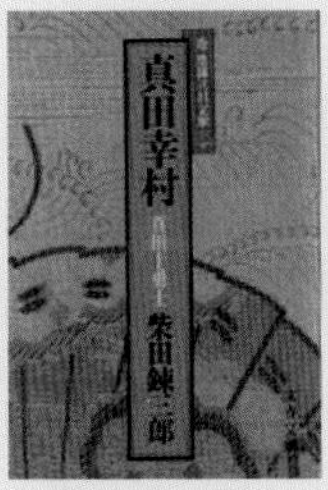

真田幸村
柴田錬三郎

文藝春秋
500日圓（含稅）

長野縣

上田

以守城戰聞名的真田父子淵源之地

以幸村之父・昌幸所建的上田城為中心的城下町

放眼所及之處皆裝飾著六文錢的真田故鄉

新潟県
富山県
上田
群馬県
長野県
岐阜県
山梨県

❶真田幸村銅像

幸村公在車站前迎接！

一走出上田站，就能看見佇立在站前圓環的真田幸村像。這就是上田巡禮的第一站！幸村像頭上戴著招牌的鹿角頭盔，重現他身先士卒的英姿。

址長野県上田市天神1 交從上田站徒步即達 P無

❷上田城

幸村與父親昌幸齊力守城之地

從車站順著長長的坡道往上爬，就會抵達上田城，也就是幸村之父・昌幸所建造的難攻之城。江戶時代，幸村之兄・信之被轉封至松代後，接管上田的仙石忠政便開始進行重建，因此石牆與本丸的櫓門都是江戶時代建造的。現在雖已規劃為公園，但仍保存著土壘等遺跡。這裡也是著名的賞櫻地點。

址上田市二の丸 交從上田站徒步約15分鐘 ¥櫓門全票300日圓，大學・高中生200日圓，小學・國中生100日圓 L白天隨時，櫓門為8：30～17：00 休櫓門：星期三（如遇國定假日則隔日公休）、12～3月（3月只有星期六開館）公休；8～10月無休 P有

被稱為真田石的巨石。信之轉封松代的時候，原想將它帶走，但卻絲毫無法搬動

❺芳泉寺
❻海禪寺
❼大輪寺
上田バイパス
長野地方裁判所
上田染谷丘高
18
百余亭
❹上田市立博物館
上田市観光会館
❽池波正太郎真田太平記館
上田市役所
御菓子處 千野
上田高
上田図書館
信濃鐵道線
❸真田神社
❷上田城
願行寺
上田駅
141
上田東高
上田電鉄別所線
千曲川
長野新幹線
信州大
❶真田幸村銅像
0
500m
N

▶▶前往上田站的交通方式

東京	東京站	長野新幹線 約1小時15分鐘		上田站
大阪	新大阪站	東海道新幹線 約2小時30分鐘	東京站 長野新幹線 約1小時15分鐘	上田站
車	從上越高速公路・上田菅平 IC 約 10 分鐘			

模範行程

▶上田站

徒步即達

❶真田幸村銅像

⬇徒步約15分

❷上田城

⬇徒步約2分

❸真田神社

⬇徒步約4分

❹上田市立博物館

⬇徒步約15分

❺芳泉寺

⬇徒步約25分

❻海禪寺

⬇徒步約5分

❼大輪寺

⬇徒步約12分

❽池波政太郎真田太平記館

⬇徒步約10分

▶上田站

❸真田神社（上田城內）

大受考生歡迎的神社

真田神社位於上田城內，主祭神是真田昌幸、信之、幸村。兩度擊退德川大軍的上田城，被譽為「不破之城」，非常受考生喜愛！也別忘了拍下神社旁的六文錢頭盔唷！

址上田市二の丸 交從上田站徒步約13分鐘 時自由參拜 P有

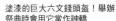

塗漆的巨大六文錢頭盔！舉辦祭典時會用它當作神轎

◎上田真田祭

每年四月舉辦，人們打扮成真田幸村等真田一族武士，在路上遊行。祭典中還有使用火繩槍的活動，真田迷絕對不可錯過。

日期：每年4月29日
地點：上田城跡公園、上田市中心街道、上田站城口
時間：13：00～17：00

吉祥物&武將隊

穿越400年時空，復活的「真田幸村與十勇士」

信州上田
おもてなし武将隊

於2012年（平成24年）組成的信州上田款待武將隊「真田幸村與十勇士」。猿飛佐助、霧隱才藏等真田十勇士和幸村會在上田城接見各位喔！

館內展出這些史料！

描繪真田父子在關原之戰前進行密談的〈真田父子犬伏密談圖〉

昌幸的鎧甲
「啄木糸素懸威伊予札胴具足」

❹上田市立博物館（上田城內）

展出許多與真田一族相關的資料

展出許多的展示品，讓人更瞭解上田地方日本中世時期之後的歷史，包括著名的昌幸肖像畫與文件、真田昌幸時代的上田城瓦片等與真田家有歷史淵源的貴重物品，是個不容錯過的景點！

址上田市二の丸3-3 ☎0268-22-1274 交從上田站徒步約13分鐘 ¥全票300日圓，高中生以上的學生200日圓，小學．國中生100日圓 時8：30～17：00（入館時間至16：30為止） 休星期三、國定假日隔日的平日（8～10月無休）、歲末年初 P有

充滿真田家智慧的城鎮

上田城是真田昌幸在一五八三年（天正十一年）建立的平城（譯註：築於平地的城，相對於山城）。武田家滅亡後，昌幸便以大名之姿順利獨立。為了與四周有力的大名——德川．北条．上杉等抗衡，昌幸便將居城築於上田。

上田盆地南有千曲川，北有太郎山，昌幸利用自然地形，打造了一座固若金湯的城池，以少數的兵力兩度擊退德川大軍。勢力不大的真田家之所以能存活下來的智慧，全都聚集在上田。

巡禮重點！

上田的必訪景點，就是家父打造的上田城！城門和石牆雖然大多是江戶時代所造，但從城內停車場仰望所見的石牆，則是從我們大展身手的戰國時代留下來的。除了城之外，還有許多神社佛寺，包括家嫂小松姬的墓地。來參觀的時候請留意閉館時間唷！

小憩片刻

◆百余亭

上田城旁的抹茶店。這裡可以吃到期間限定的「上田城勝関御萩餅」，在上田城散步後，可以來此歇息一下。

址上田市中央西1-3-21 ☎0268-21-6060 交從上田站徒步約18分鐘 L11：00～16：30 休星期三 P有

◆御菓子處 千野

此處販售依據上田城真田石設計的甜點「真田石」，以及核桃柚餅子（譯註：用核桃和香橙製作的日式甜點）、蕎麥饅頭（譯註：用薄皮包著內餡的甜點）等知名甜點。

址上田市中央3-2-18 ☎0268-21-1302 交從上田站徒步約10分鐘 L9：30～18：00 休星期三、元旦 P有

吉祥物&武將隊

由「YUKITAN」介紹上田這座城市

戴著幸村紅色六文錢頭盔的三色貓男孩，就是真喵幸村「YUKITAN」。這個角色竟然出了CD！他會拿著十文字長槍，帶各位參觀上田！

©KAZEYA

❼大輪寺

幸村之母長眠之寺，山門相當美麗

座落在海禪寺東方的寺院，院內保留著幸村兄弟之母．山手殿之墓。昌幸在九度山過世後三年的忌日，山手殿便彷彿追隨他似地辭世。氣派的山門也很值得一看。

址上田市中央北1-5-7 ☎0268-22-1274 交從上田站徒步約24分鐘 L休白天隨時 P有

伴手禮專區

可以在當地買到的各式伴手禮

⬅有著美麗紙雕圖案的擦手巾。「真田十勇士歌牌手巾（左）」、「真田幸村手巾（右）」（各550日圓／YUKATAYA）

➡用積木拼出幸村吧！（1200日圓／©KAWADA 2012）

日本一の兵
真田幸村が乗っています。

⬅貼著有趣的武將貼紙，在市區兜風!?

❺芳泉寺

信之的愛妻長眠於此

信之的正室．小松姬的墓地。小松姬是德川家康的重臣．本多忠勝之女。信之和小松姬夫妻的感情很好，她死去時，信之還感嘆：「家裡的燈火熄滅了。」墓地的大門上裝飾著六文錢與三葉葵的家紋。

址上田市常盤城3-7-48 交從上田站徒步約15分鐘 L休白天隨時 P有

小松姬之墓，她同時也是德川家康的養女

真田與德川的家紋罕見地並列在墓地大門上

❻海禪寺

鎮守鬼門的神社

此為建造上田城時，為鎮護城的鬼門（譯註：即東北方。陰陽道認為該方位有邪惡的鬼怪出入、諸事不祥），而從現在的長野縣東御市遷移至此的寺院。此後便視為真田家的祈願所，受其庇護。

址上田市中央北2-7-55 交從上田站徒步約30分鐘 L休白天隨時 P有

❽池波政太郎真田太平記館

親身感受池波政太郎所描繪的世界

館內展示池波政太郎的遺物，還有讓人體驗《真田太平記》魅力的展示空間，同時定期舉辦與真田家及池波政太郎相關的活動。亦可在劇場中透過影像，感受第一次上田合戰的魄力。

址上田市中央3-7-3 ☎0268-28-7100 交從上田站徒步約10分鐘 ¥全票400日圓，大學．高中生260日圓，小學．國中生130日圓 L10：00～18：00（入館時間至17：30為止） 休星期三、國定假日的隔日、歲末年初 P有（地點須事先詢問）

長野縣

六文錢的故鄉 真田町

從祖父幸隆的時代開始就由真田一族繼承的城鎮
這裡保留著真田忍者修行的溪谷以及一族的墓地

真田町位於上田的郊外，從上田搭乘公車前往，車程約三〇分鐘。這裡據說是真田一族的發跡地。除了幸村的祖父幸隆以及父親昌幸的墓地之外，還有幸隆以智謀攻陷的砥石城等等，想瞭解真田一族的歷史，就不能錯過這些史跡。公車的班次不多，若想搭乘公車前往，請掌握時間。開車前往最方便，不過對自己的體力有信心的人，也可以騎自行車前往參觀。

①角間溪谷
③信綱寺
戸澤神社
真田地域自治センター
真田氏本城跡
②長谷寺
幸村夢工房
神川
真田氏館跡
④砥石城遺跡
真田氏記念公園
瀧水寺
殿城山
上田菅平IC
至 上田市街
0 1km
N

巡禮重點！

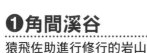

砥石城是連信玄公都無法攻陷的城。途中盡是崎嶇的山路，請勿毫無準備就穿著輕裝上山唷！

自行車出租資訊

幸村夢工房（ゆきむら夢工房）
0268-72-2204 ¥免費 9：00～17：00（服務至15：00為止）休歲末年初

模範行程

▶上田站
⬇公車約30分→徒步約30分
①角間溪谷
⬇徒步約30分→公車約15分
②長谷寺
⬇徒步約30分
③信綱寺
⬇公車約25分→徒步約15分
④砥石城遺跡
⬇徒步約15分→公車約22分
▶上田站

①角間溪谷

猿飛佐助進行修行的岩山

上田市真田町的角間山和烏帽子山之間的溪谷。這裡放眼皆是陡峭的岩壁與奇岩，傳說真田十勇士中的猿飛佐助曾在這裡進行修行。

址長野縣上田市真田町長 從上田站搭乘公車（經真田，往菅平高原）在「横沢」下車，徒步約30分鐘 P有

②長谷寺

幸隆、昌幸父子長眠之寺

由真田幸隆在重得領地時建立。因為火災和搬遷的關係，沒有留下任何文獻或寶物，不過可以看見拱型的山門以及真田幸隆夫妻與昌幸的墓地。據說這個特別的山門就是當時建造的。

址上田市真田町長4646 從上田站搭乘公車（經真田，往菅平高原）在「真田」下車，徒步約15分鐘 休白天隨時 P有

④砥石城遺跡

遙望上田城的山城

這座連武田信玄都無法攻下的城，卻由幸村的祖父．幸隆攻陷了。在第一次上田合戰時，信之就是從砥石城出兵的，可見此城在真田一族的戰略上舉足輕重。

址上田市城山2505-ホ 從上田站搭乘公車（經真田，往菅平高原）在「伊勢山」下車，徒步約15分鐘可抵達登城口 休白天隨時 P有

③信綱寺

只有首級歸來的昌幸之兄．信綱

這裡有昌幸的兄長──信綱與昌輝的墓地。信綱在長篠之戰中戰死後，家臣便帶回他的首級，埋葬於此。當時用來包裹信綱首級的染血陣羽織（譯註：武士穿在鎧甲上的外衣）也保存在這裡。

址上田市真田町長8100 從上田站搭乘公車（往傍陽方向）在「横尾」下車，徒步約15分鐘 ¥寶物館／一般100日圓 休白天隨時 P有

長野縣

不屈不撓的真田家，最終安住之地

松代

大坂之陣後，真田家在這片土地經營了二五〇年
仍保有江戶時代風貌的美麗城下町

海津城址之碑

⬇石碑上寫著海津城，記錄松代城的原名

❶松代城

支持松代藩250年的城

自從信之在1622年（元和8年）入城，這座城就一直是松代藩的藩廳（譯註：明治初期知藩事的辦公廳），護城河、石牆、太鼓門皆已經過整修。此城原名海津城，在川中島之戰中扮演支城（譯註：用於守護本城的輔城）的角色。城裡充滿了武田氏甲州流築城術的特徵，也是此城的魅力之一。

址 長野県長野市松代町松代44 交 從長野站搭乘公車（往松代方向）在「松代」下車，徒步約5分鐘 時 白天隨時，本丸內則為9：00～17：00（入場時間至16：30為止） P 有

進入平成時代後，城門和櫓皆重新整修

松代自行車出租資訊

松代四處都有許多自行車出租設施。參觀時歡迎多加利用！

松代站 ☎026-278-2145 ¥3小時免費（保險費100日圓） 時9：00～17：00 休冬季暫停出租

松代觀光物產館 ☎026-278-6535 ¥3小時免費（保險費100日圓） ¥9：00～17：00 休冬季暫停出租

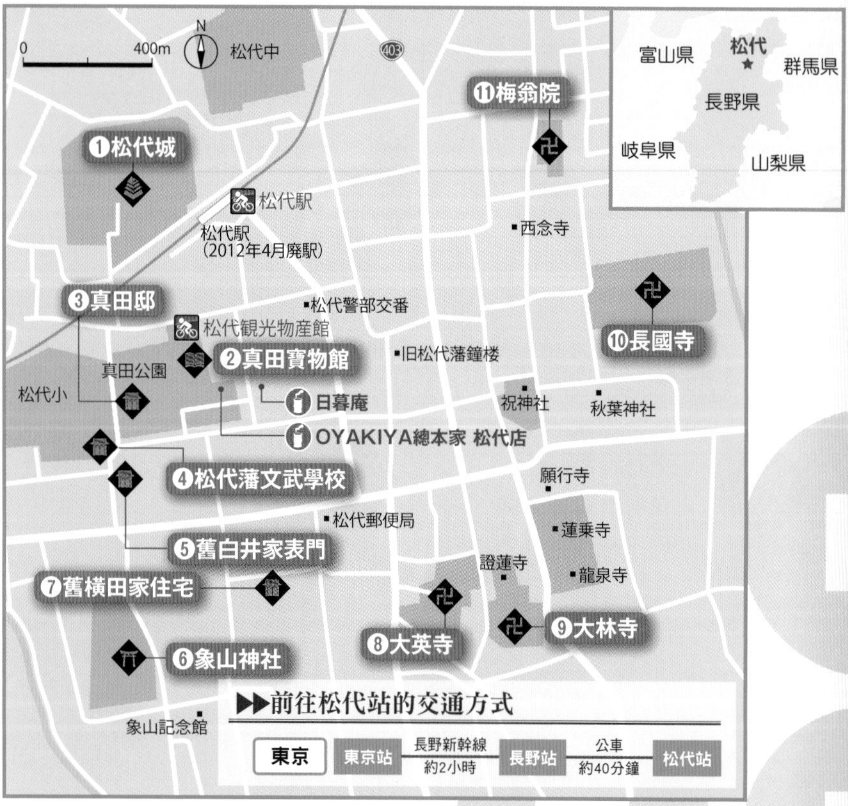

0
400m
N
松代中
403
⑪梅翁院
❶松代城
松代駅
松代駅
(2012年4月廃駅)
西念寺
❸真田邸
松代警部交番
松代観光物産館
❷真田寶物館
旧松代藩鐘楼
⑩長國寺
真田公園
松代小
日暮庵
祝神社
秋葉神社
OYAKIYA總本家 松代店
❹松代藩文武學校
願行寺
松代郵便局
蓮乗寺
❺舊白井家表門
證蓮寺
龍泉寺
❼舊橫田家住宅
❽大英寺
❾大林寺
❻象山神社
象山記念館
富山県
松代
群馬県
長野県
岐阜県
山梨県
▶▶前往松代站的交通方式
東京
東京站
長野新幹線
約2小時
長野站
公車
約40分鐘
松代站

模範行程

▶長野站
⬇公車約40分→徒步約5分
❶松代城
⬇徒步約8分
❷真田寶物館
⬇徒步約5分
❸真田邸
⬇徒步約3分
❹松代藩文武學校
⬇徒步約2分
❺舊白井家表門
⬇徒步約10分
❻象山神社
⬇徒步約5分
❼舊橫田家住宅
⬇徒步約5分
❽大英寺
⬇徒步約5分
❾大林寺
⬇徒步約10分
❿長國寺
⬇徒步約10分
⓫梅翁院
⬇徒步約7分→公車約40分
▶長野站

據稱為信之使用的鐵扇

館內展出這些史料！

這些豐富的寶物都是真田家捐贈的。館內展出代代藩主與家臣所使用的物品。

幸村兄長，也就是松代藩初代藩主真田信之的肖像畫

❷真田寶物館

展示與真田家具有淵源的物品

從松代城越過舊屋代線的鐵軌，便可抵達此博物館。館內保存、展示約5萬件貴重的史料，包括信之使用的具足，以及石田三成寫給信之的信等。展示品更換得很頻繁，令人想要不斷造訪。

址長野市松代町松代4-1 ☎026278-2801 巴從長野站搭乘公車（往松代方向）在「松代」下車，徒步約3分鐘 ¥全票300日圓，小學．國中生120日圓 ⏱8：00～17：00（入館時間至16：30為止） 休星期二（如遇國定假日則開館）、館內消毒期間 P有

伴手禮專區

寶物館內販售許多原創的真田商品

裝飾著真田家家紋的吊飾

STICK MARKER

擁有真田家紋的便利貼。六文錢和雁金是真田的象徵

除了家紋之外，還有壓花圖樣的吊飾

❸真田邸

代表江戶末期的大名御殿

由第9代．幸教所興建的城外御殿。包括主屋、正門、7間倉庫以及庭園，是現存大名御殿中相當珍貴的建築。在座觀式庭院（譯註：坐在書房或客廳觀賞用的庭園，比回遊式庭園狹小）中可欣賞四季不同的風景，一窺大名的生活。

址長野市松代町松代1 ☎026215-67102 巴從長野站搭乘公車（往松代方向）在「松代」下車，徒步約5分鐘 ¥全票200日圓，小學．國中生80日圓 ⏱9：00～17：00（入場時間至16：30為止） P有

◎松代藩真田十萬石祭

在松代藩十萬石祭典中，有250個人扮演成武將或公主在松代町遊行；只要事先申請，觀光客亦可加入遊行的行列。祭典上還有賓果遊戲、音樂演奏等活動，熱鬧非凡。

日期：10月上旬的週末
地點：松代城、文武學校、松代町內各地
時間：9：00～21：00（因會場而異）
參加費：免費（若欲加入遊行隊伍，必須事先申請，且可能必須付費）

巡禮重點！

松代是兄長擔任藩主所治理的土地。江戶時代的街道樣貌至今仍完整地保留下來，例如松代藩文武學校所在的「歷史之道」的景觀，讓人彷彿有穿越時空的感覺呢！舊松代站和真田寶物館週邊都可以租借自行車，騎著自行車四處晃晃也不錯唷！

在真田家統治下的城鎮

幸村在大坂之陣中戰死之後，真田家便離開上田，移封至松代。當時真田家的當家主人是幸村的兄長．信之。經過了江戶時代，真田家所治理的這個城鎮還保留著真田一族的氣概與傳統。

另外，據說松田也和幸村的父親．昌幸有段歷史淵源，昌幸首度取得勝利的第四次川中島之戰時，松代城乃是當時武田軍的根據地。因此這塊土地和真田家可說有著切也切不斷的關係。

❹松代藩文武學校

將真田家的氣概流傳至今的藩校

松代藩第8代．幸貫、第9代．幸教仿效水戶的弘道館所建立的藩校。相當於現代教室的文學所、劍術所以及槍術所，到現在都還保留著江戶時代的樣貌，洋溢著真田家質樸的風格。

址長野市松代町松代205-1 ☎026278-6152 巴從長野站搭乘公車（往松代方向）在「松代」下車，徒步約7分鐘 ¥全票200日圓，小學．國中生80日圓 ⌚9：00～17：00（入場時間至16：30為止） P有

❻象山神社

祭祀幕末的偉人．佐久間象山

這間神社祭祀著勝海舟、坂本龍馬、吉田松陰等多位英才之師——松代藩士．佐久間象山。記得和騎在馬上的象山老師拍照留念唷！

址長野市松代町松代1502 巴從長野站搭乘公車（往松代方向）在「松代營業所」下車，徒步約10分鐘 ⌚9：00～17：00 P有

2010年新打造的象山銅像

❺舊白井家表門

可供休憩的長屋門

「歷史之道」有許多歷史悠久的武士宅邸。其中最推薦大家去走走的，是松代藩士．白川家的長屋門。門內會有志工導覽人員進行觀光導覽與奉茶。

址長野市松代町松代204-3 巴從長野站搭乘公車（往松代方向）在「松代」下車，徒步約7分鐘 ⌚9：00～17：00（奉茶至15：00左右） P有

❼舊橫田家住宅

體驗中階武士的生活

19世紀建造的武家宅邸。這裡保留了許多當時中階武士居住的宅邸，這些宅邸亦被登錄為國家重要文化財。除了茶間（譯註：傳統日式建築中的飯廳）等起居空間之外，還保留著菜園和渠道，可以一窺當時武士的生活。

址長野市松代町松代1434-1 ☎026278-2274 巴從長野站搭乘公車（往松代）在「松代」下車，徒步約9分鐘 ¥全票200日圓，小學．國中生100日圓 ⌚9：00～17：00（入場時間至16：30為止） 休12/29～1/3 P有

小憩片刻

◆OYAKIYA總本家松代店 おやきや総本店

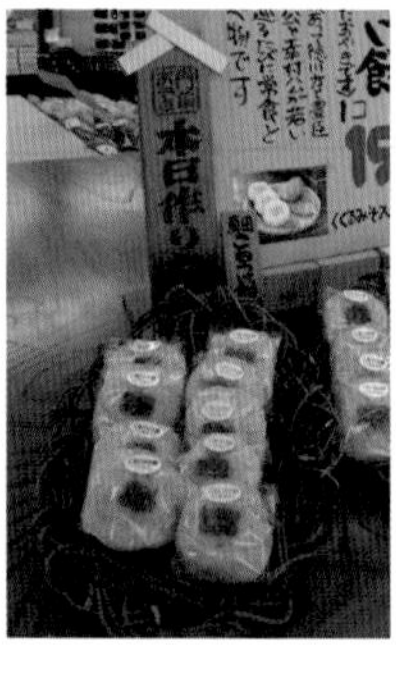

在此可享用長野名產「OYAKI」與「真田麻糬（こねつけ餅）」。真田麻糬的起源，據説是幸村在大坂夏之陣前夕前來與信之告別時，信之把白飯塗上味噌、捏成圓形作成麻糬送給了他。

址長野市松代町殿町2-2 ☎026278-3641 巴從長野站搭乘公車（往松代方向）在「松代」下車，徒步約5分鐘 ⌚9：00～17：00 休星期二 P有

◆日暮庵

位在武家宅邸遺跡的餐廳，專賣蕎麥麵和山藥麥飯。最有名的山藥麥飯，是用當地的特產「自然薯」（譯註：山藥的一種）與當地的味噌製作的。附有天婦羅等菜餚的「幸村御膳定食」必須事先預訂。

址長野市松代町殿町190-2 ☎026278-3356 巴從長野站搭乘公車（往松代方向）在「松代」下車，徒步約1分鐘 ⌚11：00～15：00 休星期二 P有

❽大英寺

支持著信之的小松姬菩提寺

信之之妻．小松姬為了養病而前往草津，最後沒有回到上田便過世，此處就是她的菩提寺。這座菩提寺是信之移封至松代的時候，從上田遷至當地的，信之建造的本堂至今仍完整留存。據說本堂的天花板是使用松代城的木頭打造的。參觀本堂須預約。

址長野市松代町表柴町1314 ☎026278-2387 交從長野站搭乘公車（往松代方向）在「松代」下車，徒步約10分鐘 ⌚9：00～16：00 休歲末年初 P有

包括上田、松代，小松姬的墓地共有4座

❾大林寺

移封時建造的寒松院之墓

信之從上田移封至松代時，便在松代建造了信之．幸村之母——寒松院（山手殿）的墓地。這裡也有世世代代侍奉真田家的矢澤家墓地。

址長野市松代町1224 交從長野站搭乘公車（往松代方向）在「松代」下車，徒步約15分鐘 ⌚休白天隨時 P有

❿長國寺

真田家歷代祖先的菩提寺

這是在移封松田時，由上田市真田町的長谷寺遷移至此的菩提寺。屋頂上裝飾著六文錢家紋。寺院境內有信之的御靈屋，據說雕刻出自左甚五郎，天花板畫則出自於狩野探幽之手。參觀靈廟必須事先預約。

址 長野市松代町1015-1 ☎026278-2454 交從長野站搭乘公車（往松代方向）在「松代」下車，徒步約15分鐘 ¥全票300日圓，小學．國中生200日圓（御靈屋特別參拜費一律1人500日圓）⌚9：00～16：00 休星期三、歲末年初 P有

⓫梅翁院

始終在信之身邊的右京局菩提寺

供奉信之的側室．玉川右京局的菩提寺。據說右京局一直陪伴在信之左右，直到信之93歲過世。寺院的主神為右京局信仰的魚籃觀音，寺院裡也有她的墓地。參觀前必須事先預約。

址長野市松代町松代984 ☎026278-3543 交從長野站搭乘公車（往松代方向）在「松代」下車，徒步約15分鐘 ⌚10：00～16：00 P無

深入探訪

大豐寺

信之度過短暫隱居生活之地

松代初代藩主信之讓出家督後，便在此隱居。他的隱居生活相當短暫，只有1年多。這裡還有信之的墓地，以及因為信之的死而殉身的重臣．鈴木右近忠重的墓。這裡非常容易迷路，前往之前請務必先確認。

址長野市松代町柴38 交從信濃鐵道線屋代站搭乘公車（往須坂站方向）在「金井山」下車，徒步約10分鐘 ⌚休白天隨時 P有

悠然佇立的信之之墓

走訪古戰場

大坂之陣

豐臣家與德川家展開的戰國最後大戰
真田幸村身穿紅色鎧甲，準備迎向最後一戰！

大阪駅
大坂城
大阪市役所
大阪府庁
長堀通
冬1 三光神社
冬2 心眼寺
夏3 安居神社
近畿自動車道
内環状線
天王寺駅
八尾市役所
八尾駅
関西本線
阪神高速15号堺線
長居公園
夏2 志紀長吉神社
夏4 南宗寺
堺市役所
堺市駅
夏1 譽田八幡宮
大仙公園
羽曳野市役所
0
2km
N

真田幸村在關原之戰後，便和父親昌幸一同蟄居於紀伊．九度山。失意的日子持續了十四年後，受到德川壓迫的豐臣家才懇請他進入大阪城。總算獲得機會的幸村便避開監視者的眼目，秘密前往大坂。

在大坂冬之陣中，以銅牆鐵壁自豪的大坂城唯一的弱點，就是南方的平原。幸村在此處蓋了一座名為「真田丸」的出城（要塞），進行奮戰，將敵人玩弄於股掌之間。歷經苦戰的德川向豐臣求和，假裝暫時休戰。他們打算在休戰期間將大坂城的護城河填起，大幅降低城的防禦功能後，再次攻打豐臣。

正如德川的算計，夏之陣在隔年展開。幸村離開毫無防禦功能的大坂城，打算以野戰一決勝負。然而由於無法與諸將領取得聯繫，作戰宣告失敗。幸村沒有放棄，朝家康大本營展開突擊，但最後仍功虧一簣。家康好不容易保住性命，而竭盡全力的幸村，最後戰死在安居神社。豐臣家敗北，秀賴與其母．淀自盡。這場可說是戰國時代最後一戰的戰爭，便就此落幕。

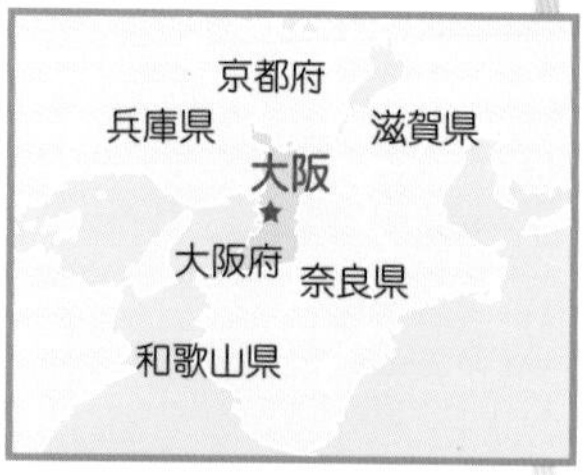

京都府
兵庫県
滋賀県
大阪
大阪府
奈良県
和歌山県

地點

攝津國大坂
（現在大阪府大阪市）

戰爭年份

1614年（慶長19年）11月
～1615年（慶長20年）5月

兵力

豐臣軍（冬之陣10萬／夏之陣7萬8千）vs.德川軍（冬之陣20萬／夏之陣15萬5千）

主要參戰武將

豐臣軍…主將 豐臣秀賴
毛利勝永、真田幸村、長宗我部盛親、後藤又兵衛、明石全登

德川軍…主將 德川家康
德川秀忠、松平忠直、上杉景勝、本多忠朝、伊達政宗

大坂城

秀吉的遺跡殘留無幾

豐臣時代的天守，在城遭到攻陷時便已付之一炬，現在留下的遺跡大多是德川幕府時代建造的。從戰國時代流傳至今的屏風畫上，畫下了用金箔繪製的壯麗天守。

址 大阪府大阪市中央区大阪城1-1 ☎06-6941-3044 交 從天滿橋站徒步約15分鐘 ¥全票600日圓，國中生以下免費（入場時間至16：30為止）L 9：00～17：00 休 歲末年初 P 有

大坂冬之陣

幸村睽違14年的戰役，以大坂城為舞台。以城為中心，四處都遺留著戰役的史跡。

冬1 三光神社

發現通往城內的密道！

據傳在大坂冬之陣中，幸村挖掘了一條從真田丸通往大坂城的密道。現在神社境內仍留著疑似密道的洞窟遺跡，洞窟旁有幸村的銅像。銅像的基台是以真田家菩提寺——長國寺的石頭所製成。

址大阪市天王寺区玉造本町14-90 從玉造站徒步約5分鐘 9：30～16：00 P無

據說是幸村所挖掘的密道

冬2 心眼寺

建於真田丸遺跡的神社

心眼寺的山門旁，有一座標示著幸村打造的出城．真田丸遺址的石碑。這一帶就是讓德川軍陷入苦戰的真田丸遺跡。據稱寺院是在大坂之陣結束後建立的。

址大阪市天王寺区餌差町2-22 從玉造站徒步約15分鐘 8：00～17：00 P無

真田幸村出丸城跡

大坂夏之陣

夏之陣主要為野戰。在距離大坂城有段距離的地區，也遺留著與此戰役相關的史跡。

夏1 譽田八幡宮

伊達vs.真田的古戰場

伊達軍和真田軍交鋒的戰役為道明寺．譽田之戰。神社境內豎立著寫有「譽田林古戰場」的石碑。在此戰役中，幸村驍勇地迎戰伊達鐵砲隊。

址大阪市羽野曳市譽田3-2-8 從近鐵南大阪線古市站徒步約10分鐘 ¥寶物館／一般400日圓 休白天隨時 P有

據說幸村曾在此地休息

夏2 志紀長吉神社

幸村在此祈求勝利

幸村在大坂夏之陣時於此祈求戰勝，並奉獻了六文錢的軍旗與刀。走出鳥居之後，背對著神社往前走，便可抵達真田幸村休憩所遺跡。

址大阪市平野区長吉長原2-8-23 從地下鐵谷町線長原站徒步約5分鐘 休自由參拜 P有

夏3 安居神社

「日本第一兵」戰死之地

據說幸村在神社境內休息時，被追兵追上，最後在此送命。神社內有示意幸村最後一刻的銅像，以及「真田幸村戰死跡之碑」。

址大阪市天王寺区逢坂1-3-24 從地下鐵谷町線四天王寺前夕陽之丘站徒步約6分鐘 7：00～17：00 P無

勝守

繪有六文錢圖樣的安居神社御守

生前最後一次休息的幸村銅像與戰死跡之碑

夏4 南宗寺

佐證家康死亡說的墓地？

傳說戰死於後藤又兵衛長槍下的家康，在此地受到祭祀。寺院境內的無名蛋形墓地就是家康之墓。此外，此處還有祭祀家康的東照宮遺跡，謎團重重。

址大阪府堺市堺区南旅篭町東3-1-2 從阪堺線御陵前站徒步約5分鐘 ¥全票400日圓，國．高中生300日圓，小學生以下200日圓 9：00～16：00 P有

傳說中的家康之墓

織田信長

為戰國帶來新氣象的革命家
人稱第六天魔王的霸主

岐阜城天守閣

家紋＝織田木瓜

Oda Nobunaga

不僅是戰國時代，更是整個日本史中絕對不可忽視的人物。出身於尾張，雖被稱為「蠢材」，但其勢力一轉眼就擴大。可惜就在即將統一天下的前一刻死於本能寺。

生卒年
1534年（天文3年）～1582年（天正10年）

主要居城
那古野城、清洲城、小牧山城、岐阜城、安土城

主要戰役
桶狹間之戰、姊川之戰、長篠之戰等

戰國亂世的風雲人物　在一統天下前自盡

信長生於擔任尾張守護代（譯註：日本中世武家體制下，令制國「守護」的代理職）的織田家，是一個無人不知、無人不曉的戰國英雄。年輕時的信長被人們稱為「大蠢材（大うつけ）」，還說他不適合繼承家督，但就在他繼承了織田家之後，立刻統一了尾張。在桶狹間之戰中，他打敗了駿河的強豪．今川義元，緊接著又一鼓作氣地打倒妻子濃姬的娘家．齋藤氏，平定美濃。他不斷擴張勢力，就連將軍足利義昭都成為他的傀儡。

他在姊川之戰打敗了與他敵對的淺井．朝倉聯軍後，火燒延曆寺，流放將軍義昭，不斷消滅敵對勢力。

他在近江建造了安土城，以此地作為根據地，開始真正邁向統一天下之路。四周的大名們為了壓制信長，於是將他團團包圍，但卻無法阻擋信長的勢力擴張，於是信長的勢力範圍往西到關東西部，往東則到中國地方（譯註：指日本本州島西部山陽、山陰地區，包括現在的鳥取縣、島根縣、岡山縣、廣島縣、山口縣等五縣）東部。然而，他的心腹明智光秀起軍謀反，在本能寺遭到襲擊的信長，在熊熊火海之中自盡，享年四十九歲。信長只差一步就能統一天下，死前必定充滿遺憾。

無論是信長誕生、孕育出統一天下野心的名古屋，以及信長統一天下的基石岐阜，或是將統一天下具體化的安土，都留有許多史跡，讓人感受到信長的統一大夢。

與織田信長淵源深厚之地

從信長出生的故鄉名古屋開始，掌握他將根據地移至岐阜、安土的經過。

巡禮前先掌握 3大基礎知識

❶「大蠢材」打敗了今川義元！

信長把香扔在父親信秀墳前的「蠢材」行為，讓家臣捏了一把冷汗。但他卻在桶狹間之戰中打敗了當時勢力龐大的今川義元，一舉在戰國時代聲名遠播。

❷ 顛覆常識的革命家

信長採取了允許自由交易的樂市樂座等創新的經濟政策，另一方面卻又燒毀了延曆寺。由於不受常識所束縛，因此有時會做出稍嫌冷血無情的行為，被視為異端。

❸ 在統一天下之前自盡

就在信長確實地擴大領土版圖，即將統一天下時，卻遭家臣明智光秀叛變。在本能寺休息的信長，最後在火海中自盡，統一天下的夢想也就此破滅。

交通要地．稱霸美濃

岐阜 ➡P.52

美濃是信長的正室．濃姬之父——齋藤道三治理的地方。道三死後，信長便稱霸了身為交通要地的美濃。在轉移陣地至安土前，他都以此處為根據地。

信長從道三之孫．龍興手中奪來的岐阜城

度過「大蠢材」時代的土地

名古屋 ➡P.50

傳說為信長出生地的勝幡城遺跡，以及信長8歲時搬去的那古野城遺跡等，都是信長度過年少時光的土地。這裡的人們雖然稱呼信長「大蠢材」，但信長仍穩健地拓展他的見聞。

至今仍留在名古屋城內的那古野城遺跡石碑

蘊藏著信長野心的天守

安土 ➡P.46

讓兒子．信忠繼承家督，並將岐阜城交給他後，信長便建造了豪華氣派的安土城。本能寺之變後，安土城也付之一炬，但我們仍可從斷垣殘壁中，一窺信長以此為起點，企圖稱霸全國的野心。

留下石牆等遺跡的安土城

旅途良伴

書籍介紹

火天之城

山本兼一

賭上工匠的自尊，打造空前的天守！

松本清張獎得獎作品，描繪奉命打造安土城的工匠所面臨的苦戰。岡部父子奉命打造一座史上最大的城，這對父子究竟能不能完成這個空前的計畫呢……？

火天の城
山本兼一

文藝春秋
619日圓（含稅）

蒼色信長

安部龍太郎

看著父親．信秀的背影成長的信長

父親信秀是尾張的小豪族，也是替信長打穩日後活躍基礎的人物。本作透過父親的生存方式來描繪信長的成長，同時也能讓讀者理解織田家在尾張的地位，內容相當有趣。

蒼き信長
上
安部龍太郎

每日新聞社 上．下集
各1680日圓（含稅）

竊國物語（三、四）

司馬遼太郎

戲劇性地描繪信長與光秀的對立

以齋藤道三篇及織田信長篇等2篇構成的長篇小說。信長篇為3、4集。書中戲劇化地描寫道三的外甥一個性保守的光秀與思想創新的信長之間的對立，是一部名作。

国盗り物語（三）
織田信長 前編
司馬遼太郎

新潮社
第3集788日圓（含稅）、第4集935日圓（含稅）

滋賀縣

安土

金箔瓦天主聳立的霸王之城

讓出家督地位的信長移住的新天地
度過極盡奢華的繁榮全盛期

❶織田信長公像

建造安土城時的樣貌！

左手拿著太刀，右手拿著扇子的信長像。據說這是他指示建造安土城時的模樣，看得出他用心打造一座理想之城的神情。在為數眾多的信長像當中，這是表情較溫和的一尊。

址滋賀県近江八幡市安土町上豐浦
交從安土站徒步約1分鐘 P無

自行車出租資訊

在安土觀光最適合騎自行車。可以多加利用車站前的自行車租賃店。

安土站前自行車出租　TAKASHIMA（たかしま）
☎0748-46-3266 ¥1日／1000日圓（團體．預約有折扣） L8：30～18：30（營業時間外亦提供服務）

安土觀光自行車出租　FUKAO（ふかお）
☎0748-46-3202 ¥1日／1000日圓（電動車費用另計） L8：30～18：30

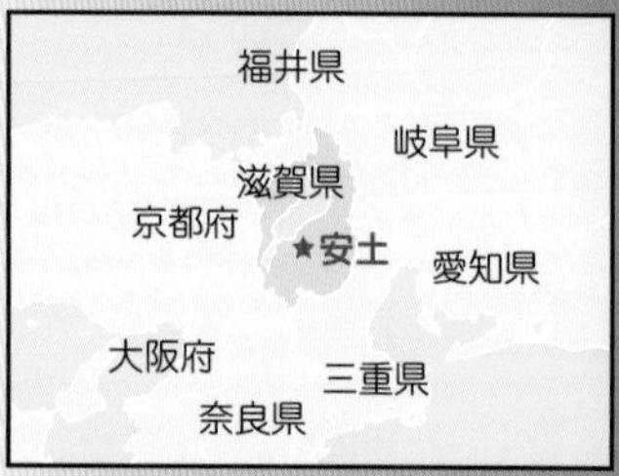

福井県
岐阜県
滋賀県
京都府
★安土
愛知県
大阪府
三重県
奈良県

安土山
❻安土城遺跡
❸西之湖
❹活津彦根神社
称名寺
琵琶湖線
近江風土記の丘
❺神學校遺跡
❼滋賀縣立安土城考古博物館
安土站前自行車出租　TAKASHIMA
安土觀光自行車出租　FUKAO
❶織田信長公像
❽安土城天主 信長之館
觀音寺城▶
❾安土城郭資料館
安土駅
瓢箪山古墳
御菓子司　萬吾樓
❷梅之川
❿淨嚴院
0
400m
N

▶▶前往安土站的交通方式

東京	東京站	東海道新幹線 約2小時10分鐘	米原站	JR琵琶湖線 約30分鐘	安土站
大阪	新大阪站	JR京都線 約1小時	野州站	JR琵琶湖線 15分鐘	安土站

車　從名神高速公路．龍王 IC 約 25 分鐘

模範行程

▶安土站
⬇徒步約1分
❶織田信長公像
⬇徒步約8分
❷梅之川
⬇徒步約15分
❸西之湖
⬇徒步約5分
❹活津彥根神社
⬇徒步約10分
❺神學校遺跡
⬇徒步約10分
❻安土城遺跡
⬇徒步約15分
❼滋賀縣立安土城考古博物館
⬇徒步約1分
❽安土城天主 信長之館
⬇徒步約25分
❾安土城郭資料館
⬇徒步約10分
❿淨嚴院
⬇徒步約10分
▶安土站

覬覦天下的黃金天主

覬覦天下的信長，首先採取的行動就是打造安土城。安土城據說是日本第一座全用石牆打造的城，天主（天守）位於高處的安土城，確實是一座呼應信長「天下布武」的名城。聳立於山頂，以金箔瓦片打造、金光閃閃的天主，應是出色顯眼的部份。然而，這座城隨著信長之死而付之一炬，如今已成幻影。

現在只剩石牆能傳達當時旨趣，不過周邊仍有許多能追憶信長或安土城的設施。另外，也曾從城跡中挖掘出金箔瓦片，而在通往安土城的山路上，也豎立著許多石碑，標示著這從前羽柴秀吉等家臣的宅邸遺跡。一起看看象徵統一天下的安土吧！

巡禮重點！

你說你要到我的城下町走走？站前有從南蠻傳來的自行車，使用這個比較有效率！若是騎自行車，只要15分鐘就能抵達我的城囉！

❷梅之川

傳說信長用來泡茶的名水

住宅區中的看板旁，有一處泉水。據說信長的家臣．武井夕庵用這裡的泉水泡茶獻給信長，大受信長喜愛，因此在舉辦茶會的時候，都會使用此泉水。

址近江八幡市安土町長楽寺902 交從安土站徒步約8分鐘 L休白天隨時 P無

❸西之湖

體驗信長的乘船遊湖

琵琶湖八景之一。據說信長曾在此仿效宮中舉行的遊湖活動。若事先預約，還可體驗環遊水鄉。

址近江八幡市西の湖 ☎0748-46-4234（安土站前觀光案內所） 交從安土站徒步約20分鐘 P有

❹活津彥根神社

信長得到天啟的神社

據說信長決定建造安土城後，曾在此神社內的蛭子神社祈求五穀豐收。後來，信長的枕邊出現一名白髮老人，指示他在此地開設市集。這裡也是現在每年6月舉辦的「安土信長祭」的會場之一。

址近江八幡市安土町下豐浦4272 交從安土站徒步約20分鐘 L休白天隨時 P有

❺神學校遺跡 セミナリヨ跡

日本第一所基督教神學校遺跡

1581年（天正9年），在信長的命令下，義大利傳教士奧岡蒂諾（Organtino Gnecchi-Soldo）在安土城城下町設立了日本第一所基督教神學校(semin rio)。據說在安土城被燒毀時，這裡也慘遭火噬，現在改建為公園。

址近江八幡市安土町下豐浦2707 交從安土站徒步約15分鐘 L休白天隨時 P無

◎安土信長祭

為了紀念信長的祭日6月2日，於每年6月的第一個星期日舉辦的祭典。祭典中有超過300人的武士遊行以及鐵砲隊的演出。

日期：每年6月的第一個星期日
地點：安土站前、安土山大手道、活津彥根神社等

A

❻安土城遺跡

天下共主的天下第一城

揭櫫「天下布武」的信長命令丹羽長秀建造的城。信長死後，城遭人縱火燒毀，現在只剩下石牆等極少部份遺跡。雖說只剩殘跡，但仍能感受到信長所建造的安土城的雄偉。大手道有家臣的宅邸石碑，千萬別錯過。

址 近江八幡市安土町下豐浦 ▭從安土站徒步約20分鐘 ¥全票500日圓，小學・國中生100日圓 ▙9：00～16：00 休無休（可能因季節、天候而異） P有

⬆傳黑金門

具有枡形虎口的城門一隅，在信長之前的城從未有過這樣的設計

➡大手道

據說寬廣的大手道遺跡兩側，過去是家臣們的宅邸

⬇摠見寺

安土城建城時，信長在城內建造的寺院，也是信長的菩提寺。安土城失火時，寺院逃過一劫，但2年後又發生火災，燒毀了正殿。現存的遺跡只有仁王門和三重塔

B

安土城區域劃分

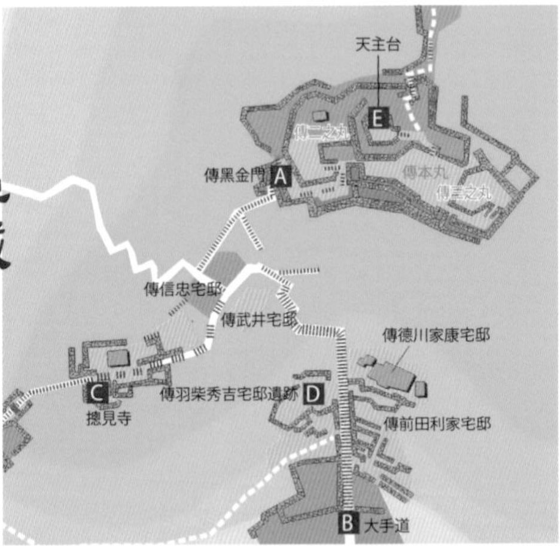
天主台
E
傳本丸
傳三之丸
傳黑金門 A
傳信忠宅邸
傳武井宅邸
傳德川家康宅邸
C
摠見寺
傳羽柴秀吉宅邸遺跡 D
傳前田利家宅邸
B 大手道

C

免於祝融之災的仁王門

➡傳羽柴秀吉邸

相傳位於大手道中間部份的羽柴秀吉宅邸遺跡。石碑可作為地標

D

C

據傳三重塔是從天台宗的寺院・長壽寺遷移過來的

E

⬆天主台

這道石牆據傳是安土城的天主台。可以想像當時的天主是什麼樣子

重現安土城石牆的展示品

❼滋賀縣立安土城考古博物館

展出安土城遺跡的出土品等豐富史料

博物館中展出安土城遺跡的出土資料及與信長相關的史料。也有介紹縣內的古代遺跡。博物館週邊也有與信長相關的設施和餐廳，是信長迷必訪景點。

址 近江八幡市安土町下豐浦6678 ☎0748-46-2424 🚃從安土站徒步約25分鐘 ¥全票450日圓，大學・高中生300日圓 🕒9：00～17：00（入館時間至16：30為止） 休星期一（如遇國定假日則隔日公休）、12/28～1/4 P有

❽安土城天主 信長之館

金光閃耀的原尺寸安土城天主

1992年（平成4年），為了在西班牙塞維利亞世界博覽會的日本館展出而重現的展示品，實際還原尺寸，做出安土城天主最上層的5、6樓。據說使用了10萬片金箔，豪華絢麗的風格，不愧是信長所愛的安土城。

址 近江八幡市安土町桑實寺800 ☎0748-46-6512 🚃從安土站徒步約25分鐘 ¥全票600日圓，大學・高中生350日圓，小學・國中生170日圓 🕒9：00～17：00（入館時間至16：30為止） 休星期一、國定假日的隔日、12/28～1/4 P有

❿淨嚴院

進行「安土宗論」的寺院

安土城的天主完成時，信長邀請了法華宗和淨土宗的高僧來到這間寺院，進行宗論（譯註：針對宗門教義進行的論議）。當時法華宗落敗，受到處罰，並且奉命日後不得與其他宗派進行宗論。

址 近江八幡市安土町慈恩寺744 ☎0748-46-2242 🚃從安土站徒步約10分鐘 🕒休白天隨時 P有

❾安土城郭資料館

不能錯過以1/20尺寸重現的安土城模型！

這是一間可以瞭解日本中世時期安土樣貌的資料館。必看的展覽品是原尺寸1/20大小的精巧安土城模型。連城的內部都做得鉅細靡遺，值得仔細玩味。

址 近江八幡市安土町小中700 ☎0748-46-5616 🚃從安土站徒步約2分鐘 ¥全票200日圓，大學・高中生150日圓，小學・國中生100日圓 🕒9：00～17：00（入館時間至16：30為止） 休星期一（如遇國定假日則隔日公休）、歲末年初 P無

安土城郭資料館對面的相撲櫓紀念碑。傳說信長喜愛相撲，而一般認為安土町是近代相撲的發源地

小憩片刻

◆御菓子司 萬吾樓

開業100年的和菓子老店。最有名的產品是以信長愛刀的鐵鍔作為模型，包著雙色餡的最中餅「必勝之鍔（まけずの鍔）」。

址 近江八幡市安土町常樂寺420 ☎0748-46-2039 🚃從安土站徒步約1分鐘 🕒8：00～19：30 P有

第六天魔王・信長的誕生之地

愛知縣

名古屋

蠢材信長度過豪邁大膽少年時代的故鄉
保存著父親信秀的墓地與信長青年期史跡

信長於一五三四年（天文三年）誕生於尾張的勝幡城（另一說是誕生於那古野城），在二十二歲移住清洲城之前，都在那古野城生活。信長在這片土地上組織了前田利家、豐臣秀吉等支持霸業的優秀家臣團，為統一天下的遠大夢想做準備。

在名古屋，可以造訪信長在桶狹間之戰前祈求勝利的熱田神宮等等，從信長出生到桶狹間之戰之間的各種史跡。

❶那古野城遺跡（名古屋城內）

信長度過少年時期的城

現在的名古屋城是家康下令建造的，幾乎沒有留下信長時代名為「那古野城」的遺跡。在二之丸茶亭附近，有一座那古野城石碑。信長在這座城住到二十二歲。

址愛知県名古屋市中区本丸1-1 交從地下鐵名城線市役所站徒步約5分鐘 ¥高中生以上500日圓 時9：00～16：30（入場時間至16：00為止） 休12/29～1/1 P有

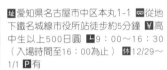

⬅現在的名古屋城是德川家康為了九男・義直打造的。日後則成為尾張藩的藩廳

⬆標示著那古野城的看板與巨石

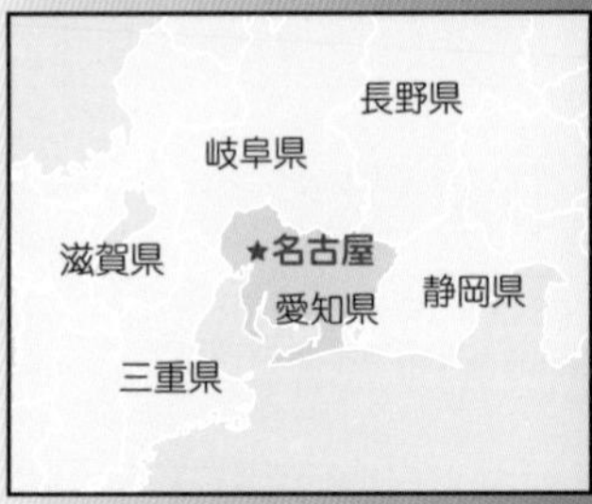

長野県
岐阜県
滋賀県
★名古屋
愛知県
静岡県
三重県

❶那古野城遺跡
ナゴヤドーム
愛知県庁
名古屋駅
❻政秀寺
中央本線
中区役所
飯田街道
関西本線
❺萬松寺
鶴舞公園
名古屋高速4号東海線
❹古渡城遺跡
❷名古屋市博物館
東海道本線
❸熱田神宮
神宮前駅
0
1km
N

巡禮重點！

除了我之外，猴子和家康也和這塊土地有著深厚的關係。你們就好好參觀吧！

模範行程

▶名古屋站
⬇電車約10分
市役所站
⬇徒步約5分
❶那古野城遺跡
⬇電車約30分
❷名古屋市博物館
⬇電車約30分
❸熱田神宮
⬇電車約14分
❹古渡城遺跡
⬇徒步約15分
❺萬松寺
⬇徒步約8分
❻政秀寺
⬇電車約15分
▶名古屋站

❷名古屋市博物館

瞭解信長統一尾張的經過！

館內收藏著信長、秀吉的朱印狀（譯註：日本戰國時代到江戶時代的古文書史料中，蓋上朱印的命令文書）等史料。常設展示有「尾張的歷史」，可以在此瞭解到信長成功統一尾張的歷史。

址名古屋市瑞穂区瑞穂通1-27-1 交從地下鐵櫻通線櫻山站徒步約5分鐘 ¥常設展示室參觀費全票300日圓，大學．高中生200日圓 ⏱9：30～17：00（入館時間至16：30為止） 休星期一、每月第4個星期二、12/29～1/3 P有

吉祥物&武將隊

武將隊的先驅「名古屋款待武將隊」

被登錄為國家指定史跡的名古屋城，總是熱鬧無比。而讓這座城更熱鬧的，則是以戰國三英傑（信長．秀吉．家康）以及其他相關武將組成的「名古屋款待武將隊」。武將隊組成於名古屋開府400年紀念的前一年，也就是2009年，是日後日本全國各地武將隊的先驅。

©2009 Nagoya Omotenashi Busho-Tai Secretariat

❸熱田神宮

為祈禱桶狹間勝利而造訪的神社

以三神器（譯註：日本神話故事中，源自天照大神的三件寶物）之一的草薙神劍為主神祭祀的神社。傳說桶狹間之戰前，信長曾來此祈求勝利。寶物館館藏包括信長的刀「蜘蛛切丸」。信長為感謝勝利而捐獻的「信長塀」也在神宮內，絕對不能錯過。

址名古屋市熱田区神宮1-1 交從神宮前站徒步約3分鐘 ¥寶物館／高中生以上300日圓，小學．國中生150日圓 ⏱寶物館／9：00～16：30（入館時間至16：10為止） 休每月最後一個星期三與隔日、12/25～31 P有

⬆信長所捐獻的牆

❺萬松寺

信長之父．信秀的菩提寺

信長在父親的喪禮上表現得旁若無人，因此被稱為「蠢材」，而這間寺院就是故事發生時地點。此寺是在家康在名古屋城開府之時，遷移到現址的。

址名古屋市中区大須3-29-12 交從地下鐵名城線上前津站徒步約5分鐘 ⏱休白天隨時 P有

❹古渡城遺跡

傳說信長元服之地

據說信長13歲的時候在此城元服（譯註：日本古代男子的成年儀式）。這裡曾是信長之父．信秀的居城，但1548年（天文17年）信秀移居末森城後，古渡城便成為廢城。城的遺跡處現在立有石碑。

址名古屋市中区橘2-8-55（真宗大谷派名古屋別院） 交從地下鐵名城線東別院站徒步約3分鐘 ⏱休白天隨時 P有

深入探訪

清洲城

桶狹間時的居城

在桶狹間之戰準備開戰之際，信長在這座城裡吟誦幸若舞「敦勝」（譯註：流行於室町時代的簡單歌舞劇），準備出征。信長迷一定要來這裡走一趟。

址愛知県清須市朝日城屋敷1-1 ☎052-409-7330 交從東海道本線清洲站徒步約15分鐘 ¥全票300日圓，半票150日圓 ⏱9：00～16：30（入場時間至16：15為止） 休星期一（如遇國定假日則下一個平日公休）、12/29～31 P有

❻政秀寺

弔唁守護信長的忠臣

政秀寺

據說平手政秀為了勸諫信長的特異行為而自盡，而政秀寺正是信長為了悼念他而建立的寺院。這名忠臣始終保護著青年時代四處樹敵的信長，可以想像信長對他的情感。

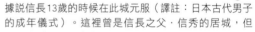

址名古屋市中区栄3-34-23 交從地下鐵名城線矢場町站徒步約5分鐘 ⏱休白天隨時 P有

統一美濃，揭櫫「天下布武」

岐阜縣

岐阜

信長奪下正妻的故鄉美濃後，便將居城遷移至此以岐阜城為起點擴張勢力

稻葉山城是信長正室・濃姬的父親——道三的居城。道三死後，信長便攻佔美濃，奪下此城。信長將這座城的名字改為「岐阜城」，並揭櫫「天下布武」後，便以岐阜作為統一天下的根據地，直到遷至安土。

④崇福寺
長良川球場
岐阜金華山纜車
②織田信長馬上像
金華山
山麓駅
山頂駅
長良橋通り
①岐阜城
岐阜市役所
③岐阜市歷史博物館
名鉄岐阜駅
名鉄各務原線
東海道本線
岐阜駅
N
0
1km

❶岐阜城

象徵著「天下布武」的城

建立在海拔329公尺的金華山頂上，以固若金湯而聞名的城，其舊名為「稻葉山城」。齋藤道三、義龍、龍興等齋藤氏3代皆以此城作為居城，但信長在攻下美濃時奪佔此城，改名為岐阜城，並定居至此。信長的居館遺跡在金華山山麓被挖掘出來。

址岐阜県岐阜市金華山天主閣18 交從岐阜站搭乘公車（往高富方向）在「岐阜公園・歷史博物館前」下車，從「金華山麓站」搭乘金華山纜車在「金華山頂站」下車，徒步約8分鐘 ¥16歲以上200日圓，4歲以上～未滿16歲100日圓 時8：30～17：30（10/17～3/15為9：30～16：30，3/16～5/11為9：30～） P有

模範行程

- ▶岐阜站
- ⬇公車約15分→纜車約3分→徒步約8分
- ❶岐阜城
- ⬇徒步8分→纜車約3分
- ❷織田信長馬上像
- ⬇徒步5分
- ❸岐阜市歷史博物館
- ⬇徒步15分
- ❹崇福寺
- ⬇公車約20分
- ▶岐阜站

❷織田信長馬上像

年輕的姿態化為銅像

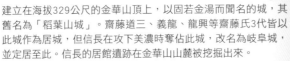

位於歷史公園「岐阜公園」中。刻劃出被人們稱為「尾張大蠢材」、年少時代的信長。

址岐阜市大宮町1 交從岐阜站搭乘公車（往高富方向）在「岐阜公園・歷史博物館前」下車，徒步約1分鐘 P有

❹崇福寺

信長・信忠父子的牌位安置於此

在本能寺之變自盡的信長與其子信忠的牌位皆安置在此。主殿內天花板的「血天井」，是在信長之孫・秀信那一代，岐阜城被攻陷時，為了追悼戰死的將兵，而將沾有血跡的木地板移建至此。

址岐阜市長良福光2403-1J ☎058-231-2613 交從岐阜站搭乘公車（經長良橋）在「長良川國際會議場北口」下車，徒步約3分鐘 ¥全票200日圓，半票150日圓 時9：00～17：00 休請事先洽詢 P有

❸岐阜市歷史博物館

體驗信長的戰國時代

除了可透過模型和影像體驗信長世界的「戰國立體圖鑑」之外，博物館中還有許多體驗型設施，讓人穿越時空，回到戰國時代。館內也有許多關於美濃歷史的展示品，絕對不容錯過。

址岐阜市大宮町2-18-1 ☎058-265-0010 交從岐阜站搭乘公車（往高富方向）在「岐阜公園・歷史博物館前」下車，徒步約1分鐘 ¥全票300日圓，小學・國中生150日圓 時9：00～17：00（入館時間至16：30為止） 休星期一（如遇國定假日則隔日公休）、歲末年初 P有

岐阜站前的黃金信長像

走訪古戰場
桶狹間之戰

在豪雨中奇襲敵軍
信長之名傳遍全天下

人稱「尾張大蠢材」的信長，十八歲繼承了家督。他逐漸地擴張勢力，最後幾乎統一整個尾張。但是這時候阻擋他發展的，是從信長之父・信秀時代便與其對立的今川義元。據說義元為了將版圖擴張至尾張而率領二萬大軍開始進軍，然而信長的兵力只有三～四千人。

信長在清洲城誦詠幸若舞「敦盛」後，便率兵出征。另一說則是信長突擊了受困於豪雨的今川軍。義元親上戰場，經過一陣激戰後，丟了人頭，戰爭最後便由信長獲得勝利。

當時統治駿河・遠江・三河的今川勢力非常龐大，打敗他後，信長的聲譽便急速上升，同時也成為了眾所矚目的對象。

有松IC
有松駅
東海道
名鉄名古屋本線
0
400m
N
2高德院
有松中学校
中京競馬場前
名古屋短大
1桶狹間古戰場傳說地
5戰評之松
桶狹間小
3桶狹間古戰場公園
4長福寺

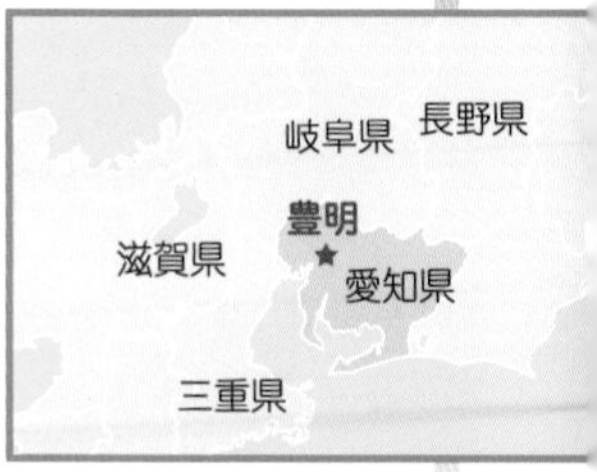

岐阜県
長野県
豐明
滋賀県
愛知県
三重県

地點
尾張國桶狹間（現在的愛知縣豐明市）
戰爭年份
1560年（永祿3年）5月19日
兵力
織田軍（3千）vs.今川軍（2萬5千）
主要參戰武將
織田軍…主將 織田信長 柴田勝家、河尻秀隆、池田恒興、林秀貞
今川軍…主將 今川義元 松平元康、松井宗信、井伊直盛、瀨名氏俊、本多忠勝

1桶狹間古戰場傳說地

傳說的戰爭之地

現在已經整頓成公園。傳說自古以來這裡就經常是兵戎之地，已登錄為國家指定史跡。這裡有許多關於戰爭的石碑，建議可以一一走訪。

址愛知県豊明市栄町南館11 交從名鐵名古屋本線中京競馬場前徒步約3分鐘 P無

2高德院

義元墓地所在的寺院

現在的寺院雖是戰爭結束之後建立的，但是寺院境內還留著「今川義元本陣跡之碑」以及據傳屬於今川義元的墓地。

址愛知県豊明市栄町南館3-2 交從名鐵名古屋本線中京競馬場前徒步約5分鐘 P有

3桶狹間古戰場公園

信長和義元的銅像

這是為了紀念桶狹間之戰450週年而建立的公園，公園裡有信長和義元的銅像。不能錯過威風凜凜的年輕信長和幹練的義元！

址愛知県名古屋市緑区有松町桶狭間北3 交從有松站搭乘公車（往有松町口無池方向）在「幕山」下車，徒步約3分鐘 P無

5戰評之松

出現義元的亡靈！？

今川軍的武將・瀨名氏俊針對戰爭進行評論的地點。據說當時有一株巨大的松樹，現在的松樹是第3代。傳說此處曾出現義元的亡靈。

址名古屋市緑区桶狭間神明 交從有松站搭乘公車（往有松町口無池方向）在「桶狭間寺」下車，徒步約1分鐘 P無

4長福寺

安置著義元等人的木像

義元死後，進行其首實檢的寺院。院內有義元、家臣松井宗信的木像。

址名古屋市緑区有松町桶狭間427 交從有松站搭乘公車（往有松町口無池方向）在「桶狭間寺」下車，徒步約3分鐘 P無

走訪古戰場

小谷城之戰

以統一天下為目標的信長將反抗他的淺井氏連人帶城摧毀

淺井長政背叛了進攻朝倉的信長，將信長逼至絕境。長政身為信長之妹．阿市的丈夫，卻意圖謀反，使得信長對他這個妹夫產生復仇之心，於是在姊川與淺井．朝倉聯軍展開激戰。此戰勝利的三年後，即一五七三年（天正元年），信長便率領三萬士兵攻進淺井氏的主要根據地——小谷城。

小谷城之役差點就演變為長期抗戰，而當時信長進攻的關鍵，就是長政屬下的背叛。遭到家臣遺棄後，小谷城便孤立無援。朝倉軍接到長政的救援請求後，雖然率領二萬名援軍參戰，但信長擊退他們後，更趁勝追擊。信長殲滅朝倉氏後，便立刻回頭進攻小谷城，逼得長政不得不自盡。之後，小谷城便成為廢城，建築物被拆解，有一部分還被當作建材用於建造長濱城。

高月駅
3 小谷城戰國歷史資料館
小谷山
1 小谷城遺跡
岡山
河毛駅
虎御前山
雲雀山
北陸自動車道
虎姫駅
北陸本線
姉川合戦古戦場
長浜IC
2 德勝寺
長浜別院大通寺
琵琶湖
長浜駅
長浜市役所
八条山公園
0 1km
N
長濱城
長浜病院

福井県
岐阜県
長濱
京都府
滋賀県
愛知県
三重県

地點
近江國（現在的滋賀縣長濱市）
戰爭年份
1573年（天正元年）
兵力
織田軍（3萬）vs. 淺井．朝倉聯軍（5千）
主要參戰武將
織田軍…主將 織田信長 羽柴秀吉、丹羽長秀、織田信忠、蜂須賀正勝
淺井．朝倉聯軍… 主將 淺井長政 淺井久政、朝倉義景、朝倉景鏡

留在小谷城本丸遺跡的石牆

樹立在赤尾宅邸的淺井長政自盡碑

1 小谷城遺跡

淺井三代作為根據地的巨大山城

1523年（大永4年）落成，從亮政開始的淺井三代的居城。日本中世三大山城之一，現在仍可看見石牆和土壘，讓人遙想當時。此外，這裡也是戰國第一美女．阿市的女兒茶茶（淀殿）．阿初．阿江的出生地。

址 滋賀県長濱市湖北町伊部 交 從北陸本線河毛站搭乘公車（往郡上方向）在「歷史資料館前」下車，徒步約40分鐘可抵達本丸 休 白天隨時 P 有

3 小谷城戰國歷史資料館

可完全掌握小谷城與淺井氏的歷史

除了小谷城的歷史與相關資料外，亦可一窺淺井長政、阿市、淀殿、阿初、阿江一家的生活。另外，也可瞭解淺井氏的興亡及其與織田信長的對立。

址 長濱市小谷郡上町139 ☎ 0749-78-2320 交 從北陸本線河毛站搭乘公車（往郡上方向）在「歷史資料館前」下車，徒步約5分鐘 ¥ 高中生以上300日圓，小學．國中生150日圓 時 9：30～17：00（入館時間至16：30為止）休 星期二（如遇國定假日則隔日公休）、12/28～1/4 P 有

2 德勝寺

小谷城主．淺井氏的菩提寺

寺院境內有淺井三代之墓。除此之外，長政夫妻像與豐臣秀吉所捐贈的藥師如來像也安置在主殿，保存著許多與淺井氏有淵源的物品。

址 長濱市平方町872 交 從北陸本線長濱站徒步約15分鐘 ¥ 參拜主殿200日圓※須事先預約 時 9：00～17：00 P 有

淺井三代之墓，由右至左依序為久政、亮政、長政

走訪古戰場

長篠之戰

率領鐵砲隊的信長與家康聯軍與被譽為戰國最強的武田騎馬隊對決

勝頼繼承武田信玄後，為了擴張領土，而侵略德川家康所守護的三河。當時包圍長篠城的士兵有一萬五千名，軍糧倉也被攻陷。一名家臣前往懇求岡崎城的家康支援，於是家康與信長聯軍便就此形成，開始往長篠城進軍。

三萬人的聯軍布陣於長篠城西側的設樂原。信長設置了馬防柵（拒馬），並配置鐵砲隊，迎擊武田軍。信長更準備了名為「三段射擊」的秘策。當時的火繩槍每擊發一發子彈，就必須等一段時間才能再次擊發，為了彌補這個弱點，信長將鐵砲隊分成三組，交互擊發，讓攻擊沒有空檔。有一說認為「三段射擊」是後世杜撰的，不過當時被譽為最強的武田騎馬隊（譯註：騎兵）確實一一遭槍彈擊中倒地，最後潰滅，使聯軍獲得了壓倒性的勝利。

大海駅
真田信綱・昌輝墓
甘利信康墓
内藤昌豊墓
飯田線
武田勝頼戰地本陣
長篠城駅
信長本陣
才ノ神の武田勝頼観戦地碑
3馬防柵
土屋昌次墓
鳥居駅
2設樂原歷史資料館
信玄塚
1長篠城遺跡
家康本陣
原昌胤墓
山縣昌景墓
豊川
三河東郷駅
0
400m
N

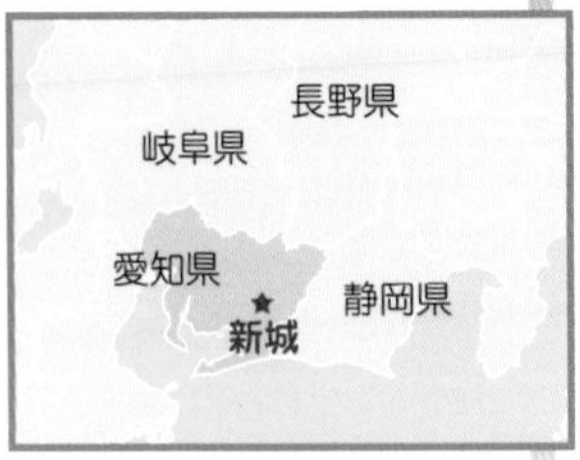

長野県
岐阜県
愛知県
新城
静岡県

地點

三河國（現在的愛知縣新城市）

戰爭年份

1575年（天正3年）5月21日

兵力

織田・德川聯軍（3萬）
vs.武田軍（1萬5千）

主要參戰武將

織田・德川聯軍…
主將 織田信長
德川家康
酒井忠次、佐久間信盛、奧平貞昌、瀧川一益、明智光秀

武田軍…主將 武田勝賴
山縣昌景、內藤昌豐、馬場信春、原昌胤、真田信綱

1長篠城遺跡

成功抵擋武田軍猛攻的城

長篠之戰的開戰之城。從牛淵橋往城的遺跡望去，便能知道此城有著山崖和河川等天然屏障。此外，城內的保存館有許多與長篠之戰相關的史料展出。

址 愛知県新城市長篠市場22-1 交 從飯田線長篠城站徒步約8分鐘 ¥全票210日圓，小學・國中生100日圓 ⏱9：00～17：00（入館時間至16：30為止） 休 星期二（如遇國定假日則下一個平日公休）、歲末年初（12/29～1/3） P有

2設樂原歷史資料館

為戰術帶來革命的火繩槍

展出豐富的火繩槍相關資料。除了針對戰役的詳盡解説外，還有展示據説是為了悼念戰死者而誕生的「火舞（火おんどり）」。

址 新城市竹広信玄原552 ☎0536-22-0673 交 從飯田線三河東鄉站徒步約15分鐘 ¥全票300日圓，小學・國中生100日圓 ⏱9：00～17：00（入館時間至16：30為止） 休 星期二（如遇國定假日則下一個平日公休）、歲末年初（12/29～1/3） P有

3馬防柵

阻止騎馬隊入侵

信長為了阻止騎馬隊入侵而下令打造的馬防柵。現在看見的是經過重建的柵欄。建議拍照時可以將與柵欄平行的連吾川一起拍下。

址 新城市竹広信玄原552 交 從飯田線三河東鄉站徒步約20分鐘 ⏱休 白天隨時 P有

戰國京都～走訪與名將淵源深厚的京都

戰國時代有許多武將都以京都為目標

接下來將以統一天下的信長・秀吉為主，介紹與諸名將有歷史淵源的京都史跡！

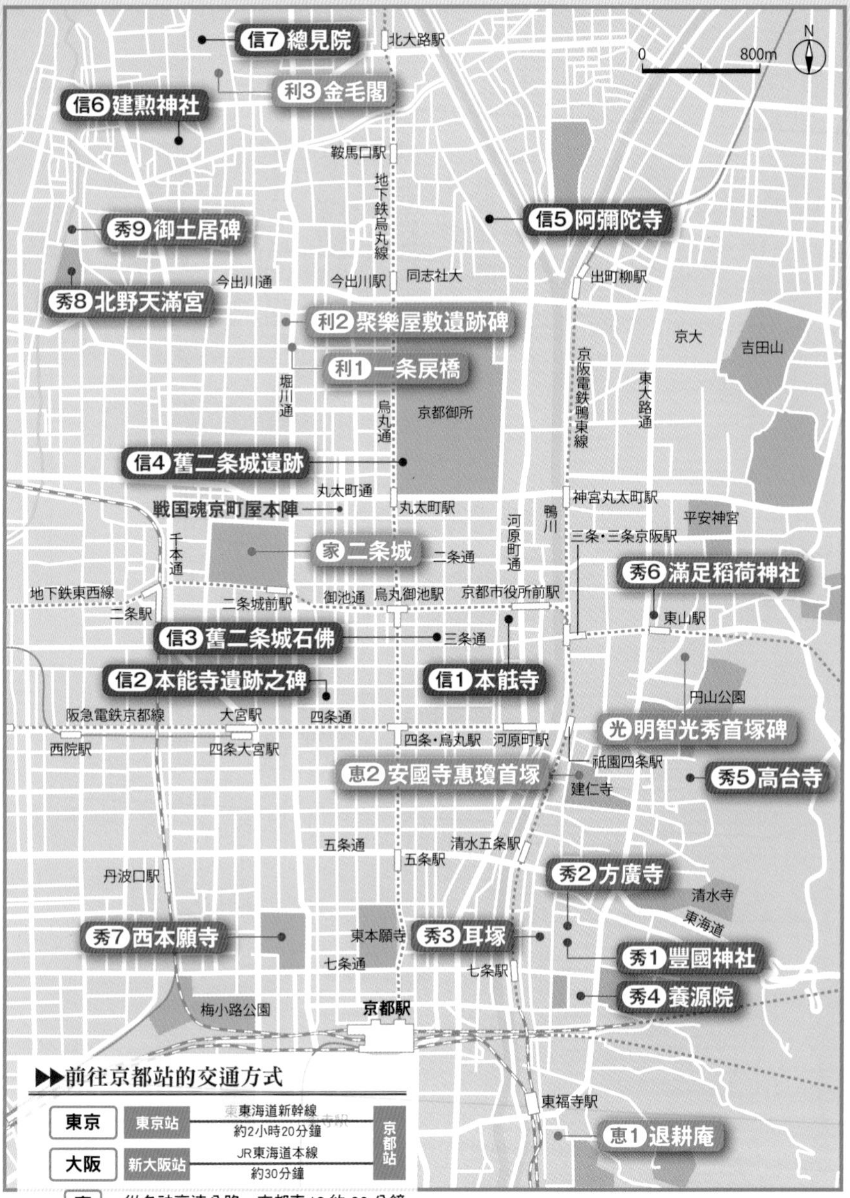
信7 總見院
北大路駅
利3 金毛閣
信6 建勲神社
0 800m
N
鞍馬口駅
地下鉄烏丸線
信5 阿彌陀寺
秀9 御土居碑
出町柳駅
今出川通
今出川駅
同志社大
秀8 北野天滿宮
利2 聚樂屋敷遺跡碑
京大
吉田山
利1 一条戻橋
堀川通
烏丸通
京都御所
京阪電鉄鴨東線
東大路通
信4 舊二条城遺跡
丸太町通
神宮丸太町駅
戦国魂京町屋本陣
丸太町駅
鴨川
平安神宮
千本通
家 二条城
河原町通
二条通
三条・三条京阪駅
地下鉄東西線
秀6 滿足稲荷神社
二条駅
二条城前駅
御池通
烏丸御池駅
京都市役所前駅
東山駅
信3 舊二条城石佛
三条通
信2 本能寺遺跡之碑
信1 本能寺
円山公園
阪急電鉄京都線
大宮駅
四条通
光 明智光秀首塚碑
西院駅
四条大宮駅
四条・烏丸駅
河原町駅
祇園四条駅
惠2 安國寺惠瓊首塚
秀5 高台寺
建仁寺
五条通
清水五条駅
五条駅
丹波口駅
秀2 方廣寺
清水寺
東海道
秀7 西本願寺
東本願寺
秀3 耳塚
七条通
秀1 豐國神社
七条駅
秀4 養源院
梅小路公園
京都駅
▶▶前往京都站的交通方式
東京
東京站
東海道新幹線
約2小時20分鐘
大阪
新大阪站
JR東海道本線
約30分鐘
京都站
東福寺駅
惠1 退耕庵

車 從名神高速公路・京都東 IC 約 20 分鐘

信長視為目標，由秀吉振興的千年王城

正如背誦口訣「794鶯平安京」（註：794取諧音，音近「鳴叫吧（NAKUYO）」）一樣，自從七九四年（延曆十三年）遷都後，京都就一直是日本的中心。分別由玄武・青龍・朱雀・白虎靈獸鎮守四方的京都，是由天皇統治，並在室町時代設置足利幕府，象徵權力中心的都市。

進入戰國時代後，群雄皆以稱霸京都為目標，因為勢力若能獲得足利將軍家或朝廷的認可，就是稱霸天下的捷徑。在群雄當中，擁護足利義昭，首先率領大軍進入京都的，就是織田信長。信長為了當上將軍的義昭而重建了二条城（將軍御所），但在義昭謀反後，他便將義昭趕出京都，同時將各大名一一殲滅，意圖統一天下。然而信長在京都的住所本能寺，遭到明智光秀的背叛，充滿遺憾地結束了生命。

信長的家臣豐臣秀吉繼承了信長的霸業，成功地統一了天下，在平安京的大內裏（譯註：平安京的宮城，別名平安宮）遺跡建立了聚樂第。接著更將官廳、寺院等強制遷移至此，用名為「御土居」的土壘圍住洛中。在秀吉的都市計畫下，京都搖身一變，成為了近世的都市。也因此，京都留有許多與豐臣家相關的寺院或史跡。

秀吉死後，統一天下的德川家康便重新建設二条城。到了江戶時代，京都便成為一個文化都市，更加繁榮。

織田信長～相關史跡

信長尊擁義昭入京，向天下展示自身實力

走訪稱霸京都，又命喪京都的霸王所留下的史跡

織田信長公供養塔（上）／織田信長公廟（右下）／信長供養塔旁有本能寺之變戰亡者的合祀碑（左下）

信1 本䏻寺

寶物館中收藏了信長的遺物

信長喪命之地——本䏻寺，在秀吉的命令下，於1587年（天正15年）遷移至現在的御池通旁。因為忌諱「能」字裡有「匕」（日文中「火」的發音），因此寫成「本䏻寺」。殿內有信長的供養塔與廟。寺院境內的大寶殿寶物館中，展示著信長收藏的茶具及戰國武將的遺物。據傳在本䏻寺之變前一晚突然開始鳴叫示警的香爐「三腳蛙」是必看的展示品。

址京都府京都市中京区寺町通御池下ル 交從地下鐵東西線市役所前站徒步約5分鐘 ¥寶物館／全票500日圓，小．高中生300日圓，小學生250日圓 ⏱6：00～17：00（寶物館／9：00～17：00） 休寶物館／歲末年初、展示品替換日 P有

信2 本能寺遺跡之碑

第六天魔王葬身之地

可謂日本史上最大謀反事件發生的場所。根據考古調查，這裡應是有護城河等防禦設施的伽藍。現在京都市立堀川高中等複合設施的入口旁，豎立著「本能寺遺跡」的石碑，而寫著「此附近本能寺跡」字樣的石碑則悄悄地立於後方。

址京都市中京区小川通蛸薬師元本能寺町 交從地下鐵烏丸線四条烏丸站徒步約8分鐘 ⏱休白天隨時 P無

複合設施入口旁的本能寺遺跡之碑（上）／位於設施後方的本能寺遺跡石碑（右）

信3 舊二条城石佛

京都文化博物館3樓恬適角落（やすらぎコーナー）

成為石牆的石佛

1568年（永祿11年）成功進入京都的信長，在隔年打造了二条城，以作為將軍足利義昭的御所。據說義昭被趕出京都後，信長曾暫居於此。這些推測為二条城西北方出土的石佛，目前在京都文化博物館內展出。請務必前來參觀這些展現出信長的宗教觀與重視效率精神的無頭石佛。

址京都市中京区三条高倉 ☎075-222-0888 交從地下鐵烏丸線烏丸御池站徒步約3分鐘 ¥石佛展示區位在博物館3樓，必須購買門票 ⏱京都文化博物館／10：00～19：30（入館時間至19：00為止，開館時間可能因展示品而變動）休京都文化博物館／星期一（如遇國定假日則開館，隔日休館）、12/28～1/3 P有

使用二条城的石材打造的石佛（上）／京都文化博物館（左）

信4 舊二条城遺跡

足利義昭的御所遺跡

原為足利義昭御所的舊二条城，位於現在京都御苑西側、與烏丸通平行的位置。遺跡裡的石牆已模擬重建，使用的石材包括石佛．五輪塔．石燈籠等。一般認為舊二条城在1576年（天正4年）成為廢城後，部份石材被轉用於建設安土城。此處與德川家康在1602年（慶長7年）建立的二条城位置相差甚遠。

址京都市上京区五町目町 交從地下鐵烏丸線丸太町站徒步約5分鐘 ⏱休白天隨時 P無

模擬復原的石牆（上）／與舊二条城石牆夾著烏丸通的平安女學院後方，有一個寫著「舊二条城跡」的石碑（下）

信5 阿彌陀寺

現為織田信長公廟

信長與其子信忠長眠的寺院。信長生前虔誠皈依於開創阿彌陀寺的清玉上人，因此將這裡作為織田氏在京都的菩提所。據說本能寺之變後，清玉上人將自盡的信長、忠信、森蘭丸等人的遺骨帶回，在此埋葬、供養。這間寺院原本位在JR嵯峨野線的圓町站旁，後來奉秀吉之命遷至現址。每逢信長的祭日6月2日當天，院方會接受一般迴向，並公開展出寺院寶物。

址 京都市上京区寺町通今出川上ル鶴山町14 交 從地下鐵烏丸線今出川站徒步約15分鐘 時 9：00～16：00，僅6/2可進入殿內參拜 P 有

信長（天德院）・信忠（景德院）之墓（上）／「織田信長公本廟」之碑（左下）／信長墓旁的森蘭丸之墓（右下）

總見院的正門（上）／信長一族的供養塔（左）

信6 建勳神社

明治天皇為讚頌信長而建立

祭祀信長，俗稱「KENKUN」神社。神社所在的船岡山，位在洛中的玄武（北方之神）位置，為當初建造平安京時的基準點。本能寺之變後，秀吉將此地定為信長的祠堂，到了明治天皇時代才正式創建。每年10月19日舉行的船岡祭，是紀念信長第一次來到京都的日子。

址 京都市北区紫野北舟岡町49 交 從京都站搭乘市區公車在「建勲神社前」下車，徒步約3分鐘 時休 自由參拜 P 無

信7 總見院

祭祀信長一族的菩提寺

大德寺的塔頭寺院（譯註：高僧死後，弟子在墓塔附近建立用來守護塔的小院）之一。秀吉為了悼念信長過世一年而建立此院，並在此舉行葬禮。寺院境內除了信長之外，還有信忠、信雄的供養塔，正殿安置著信長的木像。寺院可自由參觀，但正殿並無對外開放（除了春秋兩季的特別開放日）。

址 京都市北区紫野大徳寺町59 交 從地下鐵烏丸線北大路站徒步約15分鐘；從京都站搭乘市區公車在「大德寺前」下車，徒步約1分鐘 時休 平時不對外開放，春秋兩季有特別開放日。須事先預約 P 有（使用大德寺停車場）

戰國魂京町屋本陣（已於2014年歇業）

最適合買伴手禮的戰國商品專賣店

「戰國魂京町屋本陣」是專門推出戰國武將商品的企劃集團・戰國魂所經營的店家。門口有等身大的本多忠勝迎接，店裡販售許多與戰國武將相關的扇子、T恤等原創商品，足以撼動戰國迷的靈魂。在巡禮的時候請別錯過了。

址 京都市中京区釜座通り丸太町下ル桝屋町164-1 ☎ 075-231-9415 交 從地下鐵丸太町站徒步約3分鐘 時 平日10：00～18：00（星期二・四為10：00～16：00）／星期六・星期日・國定假日10：00～20：00 休 無休（可能因活動而臨時公休） P 無

豐臣秀吉與豐臣家～相關史跡

提到秀吉，大家印象最深刻的就是大坂城
不過統一天下後，以洛中的聚樂第、京都郊外的伏見城作為居城
以下介紹京都各處與秀吉及豐臣家有淵源的地點

秀1 豐國神社

祭祀豐臣秀吉的神社

為了祭祀秀吉而建立的豐國神社，隨著豐臣家的滅亡，而被德川幕府廢除，直到明治時代，才在方廣寺的大佛殿遺址重建。這裡的必看重點是據傳從伏見城遷移過來的「唐門」，這道門保存了桃山時代的樣式，並被指定為國寶。另外，神社週邊有許多當初為了建造方廣寺大佛殿而從諸國運來的巨石，也是必看的重點。

址 京都市東山区大和大路正面茶屋町530 巴 從京都站搭乘市區公車在「博物館三十三間堂」下車，徒步約5分鐘 ¥ 寶物館／全票300日圓，大學・高中生200日圓，小學・國中生100日圓 L 9：00～16：30 P 有

國寶唐門（上）／以代表秀吉出人頭地的象徵「千成瓢簞」形狀製作的繪馬（下）

秀2 方廣寺

傳說為大坂之陣開端的鐘

秀吉為了模仿奈良的東大寺，而在京都打造一座有大佛的寺院。因成為大坂之陣開端而聞名，刻有「國家安康、君臣豐樂」銘文的鐘，現在也還保存在寺院境內的鐘樓，可以貼近欣賞。

址 京都市東山区正面通大和大路東入ル茶屋町527-2 巴 從京都站搭乘市區公車在「博物館三十三間堂」下車，徒步約5分鐘 ¥ 正殿／全票400日圓，小學・國中生200日圓 L 9：00～16：00 P 有

方廣寺的鐘樓。垂吊著的撞座（撞木接觸到的部份）左上刻著有名的文字（左）／刻在鐘上的「國家安康、君臣豐樂」文字（右）

秀3 耳塚

追悼文祿・慶長之役的戰死者

秀吉出兵朝鮮的時候，切下敵軍的耳朵或鼻子代替首級，帶回日本作為戰功證明。位於豐國神社西隅的耳塚，就是埋葬這些耳鼻的墳塚。明治時代建立的供養碑也在一旁。

址 京都市東山区大和大路通正面西入ル茶屋町 巴 從京都站搭乘市區公車在「博物館三十三間堂」下車，徒步約5分鐘 P 無

秀4 養源院

充滿淀殿對父親淺井長政的意念

為了供養被信長殲滅的淺井長政，在長政之女，即秀吉側室淀殿的懇求下所建立。此寺院曾遭祝融之災，後由淀殿之妹・阿江在江戶時代重建。重建當時使用了伏見城的遺跡，這裡的「血天井」上，殘留著鳥居元忠自盡時飛濺到天花板上的鮮血。

址 京都市東山区三十三間堂廻り656 巴 從京都站搭乘市區公車在「博物館三十三間堂」下車，徒步約5分鐘 ¥ 全票500日圓 9：00～16：00 休 1・5・9月的21日下午 P 有

庭園與觀月台（上）／祭祀秀吉與北政所的靈屋（右）

秀5 高台寺

正室・北政所長眠之秀吉的菩提寺

以「寧寧」之名廣為人知的正室北政所，為悼念秀吉而建立的寺院。北政所長眠的靈屋中，右邊有秀吉，左邊有北政所的坐像。具有靈屋內漂亮的蒔繪裝飾與據傳由小堀遠州打造的庭園，是一處能讓人體驗桃山時代美學的寺院。據說茶室也是伏見城的遺跡。

址 京都市東山区高台寺下河原町526 巴 從京都站搭乘市區公車在「東山安井」下車，徒步約5分鐘 ¥ 全票600日圓，中・高中生250日圓 L 9：00～17：30（服務至17：00為止） P 有

秀7 西本願寺

保留聚樂第、伏見城的建物

此為淨土真宗本院寺派的總本山，正式名稱為「龍谷山本願寺」。為了與真宗大谷派的東本願寺做出區別，因此稱之為西本願寺。秀吉致力重建本願寺，在1591年（天正19年）將大坂天滿的寺社遷移至現址。國寶「飛雲閣」據說原是聚樂第的一部分，除了特別參拜日之外不對外公開，但可以在牆外一窺其外觀。另外，因為看一整天都不會膩而被稱為「日暮門」的唐門，也洋溢著桃山時代的奢華風格。

址 京都市下京区堀川通花屋町下ル 交 從京都站搭乘市區公車在「西本願寺前」下車，徒步約1分鐘 L 5～8月為5：30～18：00，11～2月為5：30～17：00，3～4．9～10月為5：30～17：30 P 有

據說是伏見城遺跡的唐門（上）／最能代表桃山建築的國寶．飛雲閣（左）

深入探訪

醍醐寺

秀吉舉辦醍醐賞花的舞台

1598年（慶長3年），秀吉邀請了近親和諸大名，舉辦一場盛大的賞花會。這是秀吉在死前的一場大活動。醍醐寺裡除了賞花會的舞台——三寶院之外，還有在秀吉的援助下遷移、修復的金堂與五重塔等建築，都非常值得一看。醍醐寺佔地廣大，若想仔細參觀，必須花上1小時30分左右。

址 京都市伏見区醍醐東大路町22 交 從地下鐵東西線醍醐站徒步約10分鐘 ¥ 三寶院、伽藍、靈寶館須付費。三設施共通券為全票1500日圓，中．高中生750日圓 L 9：00～17：00（12月的第一個星期日隔天開始至2月底，閉館時間為16：00，最後入場時間為閉館前30分鐘） P 有

秀6 滿足稻荷神社

連秀吉也「滿足」的庇佑

起源是秀吉將伏見稻荷大社的主神請到伏見城來，當作伏見城的守護神。江戶時代遷移至現址。秀吉在此祈禱自己能功成名就，後來果真對神明的庇佑感到「滿足」，這便是神社名稱的由來。請一定要來參觀，感受這份讓秀吉取得天下的庇佑。

址 京都市左京区東大路仁王門下ル東門前町527-1 交 從地下鐵東西線東山站徒步約1分鐘 L 休 白天隨時 P 無527-1

秀8 北野天滿宮

秀吉的一大活動遺跡

1587年（天正15年），秀吉平定九州後，為了向世間展示他的力量，便在北野天滿宮舉辦了一場盛大的茶會。當時共聚集了將近1000人，秀吉更在茶會上展示了他引以為傲的黃金茶室。如今，北野天滿宮的寶物殿中，收藏了〈豐太閣北野大茶湯圖〉以及秀賴與前田家奉納的刀劍等。開館日為每個月的25日，也就是緣日（譯註：指與神佛有緣之日，如神佛誕生、顯靈的日子）以及黃金週假期前後等特定日期，若正好有空，請千萬不要錯過。

址 京都市上京区馬喰町 交 從京都站搭乘市區公車在「北野天滿宮前」下車，徒步約3分鐘 L 5：00～18：00（10～3月為5：30～17：30） P 有

參拜道路旁的北野大茶會遺跡石碑（上）／據說在北野大茶會時使用的太閤井（下）

平野鳥居前町的御土居遺跡與石碑。一旁的地藏像也是從御土居出土的

秀9 御土居碑

秀吉環繞都城築起的土壘遺跡

秀吉取得天下後，為了保衛京都與治水，於是圍繞著洛中築起一道高5m的土壘。這道被稱為御土居的土壘，據說總長達22km。北野天滿宮裡有御土居的遺跡，不過從北野天滿宮沿著天神川北上，在平野鳥居前町可以看見高度和形狀都很清楚的御土居遺跡。

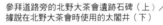

址 京都市北区平野鳥居前町24 交 從京都站搭乘市區公車在「北野天滿宮前」下車，徒步約10分鐘 L 休 白天隨時 P 無

德川家康～相關史跡

家 二条城

江戶幕府開始與結束的舞台

住在江戶城的德川幕府將軍，上京時留宿的城。家康就任將軍的慶賀儀式以及德川慶喜的大政奉還，都在這座城舉行。江戶幕府260年歷史閉幕的舞台——二之丸御殿大廣間，是歷史迷一定不能錯過的地方。

址 京都市中京区二条通堀川西入二条城町541 交通 從京都站搭乘市區公車在「二条城前」下車即達 ¥ 全票600日圓，中．高中生350日圓，小學生200日圓 時 8：45～17：00（入場時間至16：00為止）／二之丸御殿9：00～16：00 休 12/26～1/4，1．7．8．12月的每個星期二※如遇國定假日則隔日公休 P 有

明智光秀～相關史跡

首塚位於巷內住宅區的一隅，不易發現。請仔細尋找設立在河畔的導覽看板

光 明智光秀首塚碑

無法送達的光秀首級

1582年（天正10年），明智光秀突襲本能寺，殺死了主君信長。但是他統治天下的時間並不長，在山崎之戰面對勁敵秀吉，吞下慘敗。光秀在逃回居城．坂本城的途中，遭到農民的攻擊，最後自盡而死。傳說當時家臣本想遵守光秀的遺命，將他的首級帶回知恩院，無奈天已經亮了，於是只好直接埋在此地。

址 京都市東山区白川筋三条下ル梅宮町 交通 從地下鐵東西線東山站徒步約5分鐘 時休 白天隨時 P 無

安國寺惠瓊～相關史跡

惠1 退耕庵

流傳著惠瓊與石田三成傳說的茶室

安國寺惠瓊將這間因應仁之亂荒廢的寺院加以復興。有一說表示在關原之戰前夕，惠瓊在退耕庵的茶室．作夢軒與石田三成、宇喜多秀家等人舉行作戰會議。建築物內有讓護衛躲藏的「忍天井」以及「伏侍之間」等。此外，退耕庵平時不對外開放，若想參拜，必須事先預約，或是在特別開放日來訪。

址 京都市東山区本町15-793 ☎ 075-561-0667 交通 從京都站搭乘市區公車在「東福寺」下車，徒步約2分鐘 ¥ 500日圓（須事先預約） 時 9：00～16：00 P 有（使用東福寺停車場）

惠2 安國寺惠瓊首塚（建仁寺）

預言了本能寺之變的外交僧首塚

以外交僧的身份活躍於世，並獲得相當於戰國大名領地的安國寺惠瓊，在關原之戰中屬於以石田三成為主將的西軍。惠瓊過去雖曾準確預言信長橫死、秀吉取得天下，但畢竟無法預言自身的命運，戰敗後，他在逃亡途中被逮捕，遭到斬首。惠瓊的首塚位在他曾致力重建的建仁寺境內。

址 京都市東山区大和大路通四条下ル小松町 交通 從京都站搭乘市區公車在「東山安井」下車，徒步約5分鐘 ¥ 全票500日圓，國．高中生300日圓 時 10：00～17：00（11～2月底關閉時間為16：30），最後入場時間為關閉前30分鐘 休 12/28～12/31 P 有

千利休～相關史跡

利1 一条戻橋

連接陰陽兩世的橋

這條橋奇特的名稱，是源自於某個送葬隊伍在過橋的時候，死者忽然復活的傳說。後來這裡成為罪人的示眾場，受秀吉之命切腹的利休，首級也被掛在一条戻橋示眾。

址 京都市上京区堀川下之町 交通 從京都站搭乘市區公車在「一条戻橋．晴明神社前」下車即達 時休 白天隨時 P 無

利2 聚樂屋敷遺跡碑

位於晴明神社境內的利休居所遺跡

從堺來到京都的利休，在大德寺一隅落腳後，便在現在晴明神社所在的位置建造了屋舍。據說利休在舉行茶會時，使用的就是神社內的晴明井。在走訪各種與武將有關的史跡後，也可以來傳說可以消災除厄的晴明神社參拜。

址 京都市上京区堀川通一条上ル806 交通 從京都站搭乘市區公車在「一条戻橋．晴明神社前」下車，徒步約2分鐘 時 9：00～18：00 P 有

利3 金毛閣（大德寺）

令利休送命的三門

大德寺的伽藍之一——金毛閣（三門）的2樓，是利休所奉獻的。利休在這裡安置自己的木像一事惹怒了秀吉，成為秀吉命令利休切腹的原因之一。大德寺的塔頭——高桐院中，有從聚樂第遷移至此的利休宅邸，也是值得一看的景點。

址 京都市北区紫野大德寺町53 交通 從地下鐵烏丸線北大路站徒步約15分鐘；從京都站搭乘市區公車在「大德寺前」下車，徒步約5分鐘 ¥ 免費（各塔頭參觀費用不一） 時 白天隨時可參觀（各塔頭參拜時間不一） P 有

由春日山城本丸俯瞰的上越街景

上杉謙信

毘沙門天的化身
為正義與美學而生的越後之龍

巡禮前先掌握

3大基礎知識

❶ 謙信是個崇尚「義」的武將

「送鹽給敵人」這句諺語，就是因為謙信將鹽送給苦於鹽不夠的對手——信玄而來的。謙信是個崇尚「義」的男人，即使面對敵人也會寄予同情。

❷ 謙信敬愛著軍神・毘沙門天

謙信虔誠地信仰著毘沙門天，除了毘沙門堂之外，還有寫著「毘」字的軍旗等許多與毘沙門天相關的遺物。

❸ 謙信是戰國第一的愛酒人

謙信是出了名的酒豪。不妨在以產酒聞名的新潟，享用謙信喜愛的酒與食物吧！

Uesugi Kenshin

長尾為景之子。幼名為虎千代，又稱景虎、政虎、輝虎，剃髮出家後則改名不識庵謙信。繼承上杉憲政的關東管領（譯註：日本南北朝時代至室町時代幕府的官職名，用於輔佐鎌倉公方）職位，在信濃、關東與武田・北条兩氏相手。

家紋＝竹上兩隻飛雀

生卒年
1530年（享祿3年）～1578年（天正6年）

主要居城
春日山城

主要戰役
川中島之戰（第1次～第5次）、手取川之戰

貫徹正義的浪漫主義者

在許多武將想要統一天下的戰國亂世中，上杉謙信卻散發著與眾不同的異彩。他自稱「毘沙門天轉世」，是一個愛酒，遠離女色，貫徹自己的信念，在戰國亂世中生存的孤傲武將。

謙信在十九歲的時候，代替體弱多病的兄長繼承了家督，便率領家臣平定領國，同時也經常接受請託前往諸國救援。他之所以和甲斐的武田信玄展開五次川中島之戰，也是為了幫助被武田家逼至絕境的信州諸豪族。謙信藉由那種可說是浪漫主義者的無私與宛如神助的戰鬥才華，吸引了許多同伴。傳說他參與過的戰爭約有七〇場，但是只戰敗過二次，因此有「不敗名將」之稱，受人敬畏。謙信死後，家督由他的養子景勝繼承，雖然遷移至會津、米澤，但仍然堅持著上杉家的名譽。

旅途良伴

書籍介紹

天與地

海音寺潮五郎

謙信眼中的川中島之戰

書中描寫謙信從出生到川中島之戰的前半生，包括謙信與父親的不合以及他在林泉寺的修行過程等，生動地勾勒出幼時謙信的樣貌。這也是當時罕見從謙信的角度來看川中島之戰的作品。本書後來更改編為電視劇及電影，可謂作者的代表作。

海音寺潮
天と地と

文藝春秋／上・中・下集
各710日圓（含稅）

軍神・謙信誕生之地——春日山

新潟縣

上越

春日山與毘沙門堂是主要景點 隨著史跡瞭解謙信的人品

上越是名將上杉謙信的根據地。在此地度過幼年時期的謙信，以春日山城作為根據地，平定了原本混亂的越後國。之後，他又在各方武將的援助請求之下，前往信濃、關東、北陸各地奮戰。大幅改建春日山城，將它打造成「天下名城」的，也是謙信。在這樣奔波激戰的日子裡，謙信的心靈依靠，就是神佛。在上越的市街，可以看見毘沙門堂、春日山神社等與謙信有關的神社或寺院。

在戰場上威風八面的軍神・上杉謙信，據說對內政也非常盡心盡力，深受領民的愛戴。不妨一探謙信度過一生、廣受人們喜愛的土地——上越市吧！

模範行程

▶直江津站
⬇公車約20分
→徒步約20分
❶謙信公像
⬇徒步約20分
❷春日山城遺跡
⬇徒步約10分
❸春日山神社
⬇徒步約15分
❹林泉寺
⬇徒步約18分
❺春日山城遺跡物語館
⬇徒步約3分
❻春日山城史跡廣場
⬇公車約10分
❼五智國分寺
⬇徒步約18分
❽府中八幡宮
⬇徒步約11分
❾御館遺跡
⬇徒步約10分
▶直江津站

❶謙信公像

建於高台的春日山象徵

春日山神社的參道旁有一座高台，謙信像就在此高台上靜靜地俯視著城下。另外在上越市埋葬文化財中心前那尊充滿躍動感的謙信像，也是極受歡迎的拍照景點。

址 新潟県上越市中屋敷、大豆
從直江津站搭乘公車（往中央醫院方向）在「春日山下」下車，徒步約20分鐘 P有

山形県
新潟県
上越
福島県
群馬県
栃木県
0
1km
N
❽府中八幡宮
市立水族博物館
居多ヶ浜記念堂
五智郵便局
直江津駅
❼五智國分寺
❾御館遺跡
五智公園
直江津バイパス
郷津トンネル
北陸本線
関川
❶謙信公像
❷春日山城遺跡
❺春日山城遺跡物語館
信越本線
上越IC
❻春日山城史跡廣場
❹林泉寺
春日山駅
上越市役所
上越市埋藏文化中心
春日山トンネル
上越JCT
北陸自動車道
❸春日山神社

▶▶前往直江津站的交通方式

東京	東京站	上越新幹線 約1小時20分鐘	越後湯澤站	HOKUHOKU線 約1小時20分鐘	直江津站
大阪	大阪站	JR東海道本線・湖西線・北陸本線 約4小時15分鐘			直江津站
車	從上信越自動車道・上越高田 IC 約 30 分鐘				

巡禮重點！

春日山城還有上杉景勝、直江兼續的宅邸遺跡，可別忘了順道參觀唷！

據說謙信在出征前一定會進入毘沙門堂，祈求戰勝

春日山城遺跡中的壕溝遺跡

春日山城本丸遺跡

❷春日山城遺跡

規模廣大的謙信居城

春日山城有「天下名城」之美譽，是一座擁有天然屏障的金城。除了位於海拔180m的本丸遺跡外，城內還留有毘沙門堂、土壘、壕溝遺跡等能讓人遙想當年的遺跡。另外，可以將頸城平野與日本海盡收眼底的本丸遺跡，更是絕佳的拍照景點。請務必造訪這片謙信的聖地。正門口的大手道是一條相當受歡迎的散步路線，若有時間也別錯過了。

址上越市中屋敷、大豆 交從直江津站搭乘公車（往中央醫院方向）在「春日山下」下車，徒步約40分鐘可抵達本丸 時休白天隨時 P有

❸春日山神社

祭祀謙信英魂的明治時期神社

作家小川未明之父・澄晴在1901年（明治34年）打造了社殿。相鄰的春日山神社紀念館中展示的謙信相關物品與史料，都很值得一看。

址上越市大豆1743 交從直江津站搭乘公車（往中央醫院方向）在「春日山下」下車，徒步約20分鐘 ¥寶物館／全票200日圓，小學・國中生100日圓 時9：30～16：30 休開館期間無休（12～3月休館）

❹林泉寺

鍛鍊幼年謙信心靈的名剎

由謙信的祖父・長尾能景所建立的曹洞宗寺院。謙信在7～14歲時，在此處接受名僧・天室光育的教導。寺院境內的寶物殿，展示著謙信時代的收藏品以及與歷代領主相關的物品。此外還有謙信之墓與川中島合戰供養塔可供參觀。

址上越市中門前1-1-1 交從直江津站搭乘公車（往中央醫院方向）在「林泉寺入口」下車，徒步約15分鐘 ¥寶物館／全票500日圓，小學・國中生250日圓 時9：00～17：00 休全年無休 P有

悼念川中島之戰中戰死者的供養塔

謙信之墓。與其父・為景之墓相鄰

春日山城跡ものがたり館
❺春日山城遺跡物語館

一次掌握謙信的生涯與相關資料

這是與春日山城史跡廣場併設的資料館。在這裡，遊客可以透過古地圖和視覺性資料，輕鬆瞭解春日山城的模樣與謙信的生涯。還有與上杉家的財源——清苧相關的展覽品，也很值得一看。

址上越市大豆334 ☎025-544-3728 交從直江津站搭乘公車（往中央醫院方向）在「物語館入口（ものがたり館入口）」下車，徒步約1分鐘 ¥免費 時9：00～16：30 休星期一（如遇國定假日則隔日公休）、12月～2月休館 P有

◎謙信公祭典

重頭戲是出征儀式「武祎式」，以及身穿鎧甲的武士們沿著春日山週邊遊行的「出陣行列」。另外，因為謙信喜愛的越後酒，所以在上越市也有舉辦「越後．謙信SAKE祭」。

日期：8月下旬
地點：春日山城遺跡、春日山城史跡館廣場等
時間：不定，請自行確認

❻春日山城史跡廣場

穿越時空，前往當時的春日山城！

將春日山城遺跡東北側整頓後打造的史跡公園。公園裡有根據考古資料忠實重現的土壘、護城河等，排水溝遺跡也很值得一看。可以讓人體驗戰國時代的真實風貌。

址上越市大豆334 交從直江津站搭乘公車（往中央醫院方向）在「物語館入口（ものがたり館入口）」下車，徒步約1分鐘 ＬＯ休白天隨時 P有

❽府中八幡宮

包括謙信在內，受許多武將信仰的神社

據說謙信也曾來參拜的越後總社。八幡神自古以來就受到許多武將的信仰，包括歷代越後國司以及謙信之父．長尾為景也都相當尊崇。社殿曾數度失火，但每次災後都會整修，維護至今。

址上越市西本町3-5 交從直江津站徒步約10分鐘 ＬＯ休白天隨時 P無

❼五智國分寺

謙信重建之歷史悠久的國分寺

聖武天皇下令設置的國分寺之一。長久以來形同廢寺，最後由謙信復興。雖然曾屢次遭遇火災，但目前保留在寺院境內的三重塔，便是謙信當時所重建的。另外，此地也和松尾芭蕉有著歷史淵源，寺院內的芭蕉句碑也是不容錯過的景點。

址上越市五智3-20-21 交從直江津站搭乘頸城公車（往中央醫院方向）在「五智國分寺表門」下車，徒步約1分鐘 ＬＯ休白天隨時 P有

深入探訪

直峰城遺跡

決定謙信繼承者命運的山城

立於本丸遺跡的石碑

從春日山城前進關東時，謙信作為要衝使用的山城。傳說謙信出兵時曾夜宿於此，遺跡裡還留有壕溝和石板路。在謙信死後發生的「御館之亂」中，上杉景勝攻佔了這座城與春日山城，為爭奪戰劃下句點。此外，這裡也是直江兼續的親生父親．樋口兼豐的居城。

址上越市安塚区安塚 交從上越IC或柿崎IC開車約30分鐘 ＬＯ休白天隨時 P無

栃尾城遺跡

越後之龍．謙信在此展翅飛翔

栃尾城遺跡內的土壘

栃尾城是座位於鶴城山（227m）上，可以俯瞰栃尾街景的山城。到山頂要花20分鐘。謙信15歲時從三条城搬來這裡，在青年時期便完成首度出征。遺跡裡保存著壕溝、曲輪、石牆等遺跡，讓人感受到謙信年輕時在此大顯身手的模樣。本丸遺跡裡有介紹絕佳景點的看板，可先確認後再出發參觀。

址新潟県長岡市栃尾 交從長岡IC開車約30分鐘 ＬＯ休白天隨時 P無

❾御館遺跡

爭奪謙信繼承權的場所

謙信為了迎接關東管領．上杉憲政而建造的御館遺跡。在謙信死後，這座宅邸便成為後人爭奪家督的「御館之亂」主戰場。考古過程中挖掘出槍彈等物品，不難想像當時的戰況。這裡距離直江津站很近，是個不用費時前往的景點。

址上越市五智1-22 交從直江津站徒步約10分鐘 ＬＯ休白天隨時 P無

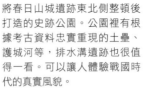

現在已成為住宅區公園的御館遺跡

愛

米澤城遺跡

直江兼續

「我一生伴隨上杉！」

在嚴苛條件下打穩米澤繁盛的基礎

Naoe Kanetsugu

以上杉家家老的身份，一手包辦軍事、內政等事務。在天下情勢都傾向家康的時候，兼續為了上杉家的存續而四處奔走。頭戴有著「愛」字前立裝飾的頭盔。

家紋＝三盛二重龜甲花菱

巡禮前先掌握

3大基礎知識

❶ 連家康都稱讚的長谷堂城撤退戰

在慶長出羽合戰中，兼續指揮撤退戰，再加上前田慶次等人的活躍表現，將損害壓到最低，成功撤退。傑出的指揮能力，就連德川家康都讚賞。

❷ 在新天地．米澤修築直江石堤

關原之戰後，上杉家移封米澤，並遭到減封。兼續不屈不撓地繼續盡力經營米澤，修築直江石堤，為後來的繁盛發展打下基礎。

❸ 開設禪林寺，振興學問

熱愛學問的兼續設立了禪林文庫，作為學問所（譯註：日本中世、近世的教育機關），努力培育後進。兼續的熱情後來由繼任的米澤藩主．上杉鷹山等人繼承下去。

生卒年	1560年（永祿3年）～1619年（元和5年）
主要居城	坂戶城、與坂城、米澤城
主要戰役	御館之亂、長谷堂城之戰

一生效忠上杉的義將

兼續是樋口兼豐的嫡子，二十二歲時，與直江家的女兒．阿船結婚，改姓直江。當時替他和阿船說媒的，正是他的主君上杉景勝，希望他繼承身為上杉家重臣的直江家。從這一點亦可看出上杉景勝對兼續的信賴。

豐臣秀吉曾試圖延攬文武雙全的兼續，但兼續卻沒有聽從。另外，在關原之戰時，他正面反抗德川家康，寫了一封「直江狀」痛批家康。傳說受到謙信薰陶的兼續，最重視的就是上杉家貫徹「義」的精神。

關原之戰中西軍落敗，上杉家從會津一二〇萬石減封為米澤三〇萬石，但兼續卻致力發展米澤的產業，支持著上杉家。今日米澤的基礎，可說就是兼續打下的。

旅途良伴 書籍介紹

天地人

火坂雅志

天地人
火坂雅志

貫徹義與愛
兼續的人生

兼續繼承了謙信的「義」，再加上他對人體貼的「仁愛」之心，一生輔佐著他的主君上杉景勝，在亂世中存活下來。本作對頭盔上的「愛」做出獨特的詮釋，刻劃出一個嶄新的兼續樣貌。此書也是2009年NHK大河劇的原作。

文藝春秋 上・下集
上集 750日圓（含稅）
下集 790日圓（含稅）

充滿兼續對新天地的熱情

山形縣

米澤

米澤城遺跡內上杉神社稽照殿中寫有「愛」的具足，不容錯過！

搭乘循環巴士遊覽兼續打造的城下町

米澤是伊達家長期作為根據地的土地，據說伊達政宗也是在米澤城出生的。之後由蒲生氏鄉統治了約七年，於一五九八年（慶長三年）在豐臣秀吉的命令下，成為兼續的居城。當時雖然只是一個小城市，但在關原之戰後，主君上杉景勝從會津一二〇萬石減封為米澤三〇萬石，為了容納會津的家臣團遷入城下町居住，兼續便致力於開墾新田，奠定米澤今日繁榮的基礎。

模範行程亦可搭乘市營的循環巴士參觀。建議使用一張五〇〇日圓，不限搭乘次數的一日乘車券（一般車資一律二〇〇日圓）。此行程安排的時間充裕，相信可以充分欣賞米澤隨著四季變化的美景。

直江兼續像（米澤市所藏）

❶米澤市上杉博物館

收藏著上杉家相關國寶的博物館

位於複合文化設施・傳國之杜中的博物館，想瞭解上杉家與米澤的歷史，便絕對不能錯過這個景點。與兼續相關的史料中，必看的有「直江狀」的抄本以及兼續的肖像畫。另外也可欣賞到據傳由信長送給謙信的「上杉本洛中洛外圖屏風」等國寶級文化財。

址 山形県米沢市丸の内1-2-1 ☎0238-26-8001 交通 從米澤站搭乘公車（往白布溫泉方向）在「上杉神社前」下車，徒步約1分鐘 ¥全票410日圓，大學・高中生200日圓，小學・國中生100日圓 ※特展・企劃展另計 時 9：00～17：00（入館時間至16：30為止） 休 第4個星期三（12～3月為每個星期一，如遇國定假日則隔日公休），12/25～31 P 有

館山バイパス
121
287
長井街道
0
400m
N
⑦法泉寺
西米沢駅
米沢警察署
最上川
奥羽本線（山形新幹線）
米沢バイパス
②松岬神社
121
③米澤城遺跡
④上杉神社 稽照殿
米沢駅
九里学園高
八谷街道
堀立川
⑧宮坂考古館
⑥西明寺
①米澤市上杉博物館
山形大工学部
鯉之六十里
⑤春日山林泉寺
米坂線
南米沢駅
松川公園

▶▶前往米澤站的交通方式

東京	東京站	山形新幹線 約2小時10分鐘			米澤站
大阪	新大阪站	東海道新幹線 約2小時30分鐘	東京站	山形新幹線 約2小時10分鐘	米澤站
車	從東北自動車道・福島飯坂IC約50分鐘				

秋田県
岩手県
山形県
宮城県
米澤
新潟県
福島県

模範行程

▶米澤站
⬇公車約10分→徒步約1分
❶米澤市上杉博物館
⬇徒步約1分
❷松岬神社
⬇徒步約1分
❸米澤城遺跡
⬇徒步約1分
❹上杉神社 稽照殿
⬇徒步約15分
❺春日山林泉寺
⬇公車約3分→徒步約15分
❻西明寺
⬇公車約5分→徒步約5分
❼法泉寺
⬇公車約20分→徒步約7分
❽宮坂考古館
⬇徒步約7分
▶米澤站

❸米澤城遺跡（松岬公園）

聚集許多上杉家相關史跡的城址公園

能讓人緬懷米澤城過去的少數史跡之一，就是本丸的護城河。本丸內現已規劃為松岬公園，黃金週時會舉辦米澤上杉祭，冬天則有上杉雪燈籠祭。有200株櫻花的公園，也是春天的賞花景點。

址米沢市丸の内1 交從米澤站搭乘公車（往白布溫泉方向）在「上杉神社前」下車，徒步約2分鐘 L休白天隨時 P有

❷松岬神社

祭祀兼續的神社

神社內祭祀著兼續、米澤藩初代藩主．景勝與第9代藩主．鷹山等。還有據說是景勝時代打造的庭園，切勿錯過。

址米沢市丸の内1-1 交從米澤站搭乘公車（往白布溫泉方向）在「上杉神社前」下車，徒步約2分鐘 L休白天隨時 P有（祭典廣場停車場）

館內展出這些史料！

金小札淺蔥糸威二枚胴具足
（上杉神社所藏）

❺春日山林泉寺

兼續與愛妻．阿船相伴長眠

伴隨著景勝的移封，上杉家的菩提寺也從越後春日山遷移至此。這裡有米澤藩主的妻子和重臣們的墓地，包括兼續與阿船的墓也在此。直江夫妻相鄰的墓碑大小相同，這在當時非常罕見，兼續對妻子的深愛可見一斑。

址米沢市林泉寺1-2-3 交從米澤站搭乘公車在「山大正門」下車，徒步約5分鐘 ¥寺院境內100日圓／殿堂內300日圓 L9：00～17：00（入場時間至16：30為止）休12～3月，可能因法事而臨時休館 P有

❹上杉神社 稽照殿

收藏、展示許多上杉家的傳家之寶

稽照殿位於祭祀謙信的上杉神社旁，是上杉神社的寶物殿。殿內收藏並展示謙信公和景勝公的遺物等文化財。在這裡還可以看到代表兼續的標誌——有著「愛」字前立頭盔的甲冑「金小札淺蔥糸威二枚胴具足」。

址米沢市丸の内1-4-13 ☎0238-22-3189（上杉神社社務所）交從米澤站搭乘公車（往白布溫泉方向）在「上杉神社前」下車，徒步約5分鐘 ¥全票400日圓，大學．高中生300日圓，小學．國中生200日圓※參拜上杉神社免費 L9：00～16：00（入場時間至15：45為止）※參拜上杉神社為6：00～17：00（12～3月為7：00～17：00）休12～3月下旬（1/1～3、上杉雪燈籠祭當天開館）P有（祭典廣場停車場）

「愛」就是「LOVE」？

說到兼續，最有名的標誌就是「愛」字前立裝飾的頭盔。有一說認為頭盔上的「愛」字代表的就是愛情，但一般認為「愛」是兼續對武神愛染明王或愛宕權限（譯註：佛或菩薩的化身）信仰的展現。

不過，想到兼續為了米澤人民所付出的心力，會有「愛情」之說也是無可厚非的。

因為成為NHK大河劇的主角而豎立在上杉神社參道的「天地人像」

小憩片刻

◆鯉之六十里

可以品嚐上杉鷹山帶來米澤的米澤鯉。這道菜是將在米澤清流中成長的鯉魚，用傳統醬汁燉煮而成的。可以在移建置此、擁有200年歷史的商家中用餐。

址米沢市東1-8-18 ☎0238-22-6051 交從米澤站徒步約10分鐘 L11：00～14：00，17：00～19：00（須訂位），商品販售為10：00～17：00 休星期二 P有

吉祥物&武將隊

繼承了兼續的「愛」的「KANETAN」與武將隊

愛
かねたん

米澤市的直江兼續吉祥物「KANETAN」，是一隻戴著「愛」頭盔的小狗吉祥物，在米澤市的各項活動中都能看見。為了宣傳包括米澤在內的山形縣置賜地方而組織的觀光宣傳隊「山形置賜愛之武將隊」，也在各地的活動中活躍登場。

從西明寺遠眺的風景

❻西明寺

兼續吟詠漢詩、俯瞰街景的寺院

與林泉寺相同，是隨著上杉家的移封而從越後遷來米澤的寺院。據說兼續經常來到這裡眺望，看著米澤的城下町逐漸完成的樣貌。寺院境內的石碑上，刻有兼續來到這裡時所吟詠的漢詩。

址米沢市遠山1561 交從米澤站搭乘公車在「西部幼稚園」下車，徒步約15分鐘 L休白天隨時 P有

刻有兼續吟詠的漢詩「題西明寺展望」的石碑

深入探訪

直江石堤

守護米澤，兼續打造的石堤

兼續為了保護領民不受最上川氾濫的威脅，便親自指揮建造的堤防，現為米澤市指定史跡。目前已規劃為直江堤公園，並保存著讚頌兼續偉業的石碑。

址米沢市大字赤崩 交從米澤站搭乘計程車約15分鐘 L休白天隨時 P有

直江城州公鐵砲鍛造遺跡碑

與米澤藩鐵砲隊有著淵源之地

兼續招募了鐵砲工匠來到遠離人煙的白布溫泉，秘密地製造火繩槍，此石碑便是紀念這件事。米澤藩製造的火繩槍在大坂冬之陣中立下了大功。

址米沢市大字関町 交從米澤站搭乘公車（往白布溫泉方向）在「白布溫泉」下車，徒步約5分鐘 L休白天隨時 P無

五色溫泉 宗川旅館

吾妻山系環繞的隱密溫泉

據傳是兼續為了體弱多病的嫡子，景明而整頓的溫泉療養場。宗川旅館是間位在海拔800m的獨棟旅館，除了讓孩子療養之外，也是著名的子寶（註生）溫泉。

址米沢市大字板谷498 ☎0238-34-2511 交從奧羽本線板谷站搭乘計程車約10分鐘 ¥（泡溫泉）大人500日圓，兒童250日圓 L（泡溫泉）10：30～15：30 P有

❼法泉寺

保存著兼續的藏書，作為學問所培育後進

兼續與景勝一同創建的臨濟宗寺院。起初稱為禪林寺，禪林文庫中收藏著兼續以及兼續請來的僧人．九山禪師的藏書，並作為藩士的學問所。

址米沢市城西2-1-4 交從米澤站搭乘公車在「法泉寺西」下車，徒步約5分鐘 L休白天隨時 P有

❽宮坂考古館

展示戰國時代的甲冑和武器等

收藏與當地有歷史淵源的文化財約700件。在長谷堂城與兼續並肩作戰，後來侍奉米澤藩的前田慶次，相傳為其所穿的「朱漆塗紫糸素懸威五枚胴具足」，是必看的展示品。此外還有景勝與兼續的甲冑、有「上杉雷筒」之稱的鐵砲等等，讓人感受戰國時代的展示品。

址米沢市東1-2-24 ☎0238-23-8530 交從米澤站徒步約7分鐘 ¥全票400日圓，大學．高中生300日圓，小學．國中生100日圓 L10：00～17：00（10～3月閉館時間為16：00） 休星期一（如遇國定假日則隔日公休）、歲末年初、臨時休館日 P有

巡禮重點！

結束市區內的巡禮之後，不妨考慮前往附近的溫泉吧？這裡有奧羽的三高湯之一，據說伊達輝宗與上杉鷹山也曾造訪的名湯．白布溫泉，以及我為了兒子而打造的五色溫泉，可以好好紓解旅途的疲勞。

躑躅崎館遺跡的武田神社

武田信玄

高舉「風林火山」，席捲戰國
被當作軍神祭祀的甲斐之虎

巡禮前先掌握 3大基礎知識

❶ 孫子的「風林火山」

信玄充滿了謀略才華。他的學識基礎來自中國軍事家・孫子的兵法。「風林火山」也是出自於孫子。對《孫子》如此熟習的信玄，可說是戰國最強的武將。

❷ 信玄篤信佛教

篤信神佛的信玄，除了佛教之外，也很保護諏訪信仰、飯綱信仰、淺間信仰等。甲府有信玄自己建立的寺院，以及與他相關的佛像等眾多史跡。

❸ 信玄是甲府的英雄!!

讓甲斐之名轟動全國的信玄，在當地極受歡迎。在觀光區可以買到「信玄餅」、「信玄桃」等各種冠上信玄之名的伴手禮。

Takeda Shingen

率領人稱戰國最強騎馬隊，席捲亂世的甲斐武將。因為高揭「風林火山」旗幟而聞名，最大的競爭對手是越後的上杉謙信。

家紋＝武田菱

生卒年
1521年（大永元年）～1573年（天正元年）

主要居城
躑躅崎館

主要戰役
川中島之戰（第1次～第5次）、三方原之戰

率領著優秀家臣的名將

武田信玄是一顆在戰國亂世中燦爛發亮的巨星。武田軍的驍勇善戰，就是透過他與越後之龍・上杉謙信的川中島之戰而流傳於後世。

信玄一生參與的戰役超過七〇場，而戰敗次數據說僅有三次。信玄的軍事謀略，就連在他晚年才開始擴張勢力的風雲兒・織田信長也感到畏懼。

另一方面，信玄也是一名對內政盡心盡力的明君。他不計出身、不論門閥，任用山本勘助等優秀的人才。他的家臣團「武田二十四將」，也在諸國享有盛名。正如信玄的名言：「人是城，人是牆，人是護城河；人情是盟友，仇視是敵人。」他將領民視為寶物。一起透過信玄所留下的史跡，感受他的人品吧！

旅途良伴

書籍介紹

武田信玄

津本陽

生動地描繪信玄動盪的一生

描寫武田信虎・信玄・勝賴三代榮枯盛衰的長篇歷史小說。信玄在苦惱許久之後，決定流放自己的父親，又與敵手上杉謙信展開激戰，經歷許多苦難。到了晚年，他意欲入主京都，於是出征，但最後卻在途中病倒而辭世。

武田信玄
津本陽

講談社／上・中・下集
各509日圓（含稅）

甲斐之虎一生的根據地

山梨縣

甲府

智將度過一生的故鄉 躑躅崎館與古剎分散各處

甲府這個地名的由來，是「甲斐國的府中（即古代官廳設置的場所）」，而這裡也是武田家世世代代的根據地。

信玄出生於甲府盆地北方要害山山麓的積翠寺。二十一歲的時候，他將父親流放，自己成為甲斐國主，直到五十三歲辭世為止，一生都在征戰。同時，他在躑躅崎館治理領土。

甲府在武田家滅亡後，由織田、德川接手統治，繼續繁榮。舞鶴城雖是進入江戶時代才建造的城，不過甲府市內仍保存許多信玄留下的寺社。主要的史跡都可以從甲府站徒步抵達，或許一邊欣賞甲府的街道，一邊散步也是不錯的選擇。

模範行程

▶甲府站
⬇公車約14分→徒步約40分
❶積翠寺
⬇徒步約40分
❷要害城遺跡
⬇徒步約30分→公車約10分
❸武田神社（躑躅崎館遺跡）
⬇徒步約15分
❹信玄公墓（火葬塚）
⬇徒步約20分
❺大泉寺
⬇徒步約20分
（公車站）武田3丁目
⬇公車約10分→徒步約5分
❻武田信玄公像
⬇電車約5分
金手站
⬇徒步約10分
❼長禪寺
⬇徒步約10分
金手站
⬇電車約5分
善光寺站
⬇徒步約15分
❽甲斐善光寺
⬇徒步約15分→電車約10分
▶甲府站

❶積翠寺

因為信玄誕生於此而聞名的寺院

寺內留有出生入浴時打水的井

1521年（大永元年），信玄之父・信虎遭到駿河今川氏的侵略。當時懷孕的信虎夫人（大井夫人），來到最後堡壘——要害城山麓的積翠寺躲避，生下了信玄。正殿後方的井，就是替剛出生的信玄清洗身體的水井。從積翠寺可以清楚地眺望要害山。

址 山梨県甲府市上積翠寺町984
交 甲府站搭乘公車（往積翠寺方向）在「積翠寺」下車，徒步約10分鐘 開休 白天隨時 P 有

0 500m
N
千代田湖
信玄秘湯 要害
❶積翠寺
白山神社
日吉神社
❷要害城遺跡
秋葉神社
興因寺
金峰神社
長野県
埼玉県
山梨県
甲府
神奈川県
静岡県
❸武田神社（躑躅崎館遺跡）
武田通り
❹信玄公墓（火葬塚）
山梨大
❺大泉寺
甲州餺飥 小作
山の手通り
朝日通り
❼長禪寺
❽甲斐善光寺
中央本線
甲府駅
愛宕山
❻武田信玄公像
能成寺
山梨県庁
舞鶴城公園
金手駅
善光寺駅
身延線

▶▶前往甲府站的交通方式

東京	東京站	JR中央本線 約1小時40分鐘			甲府站
大阪	新大阪站	東海道新幹線 約2小時30分鐘	東京站	JR中央本線 約1小時40分鐘	甲府站

車 從中央自動車道・甲府昭和 IC 約 20 分鐘

巡禮重點！

這裡的斜坡很多，建議盡量利用大眾交通工具，才能輕鬆地完成巡禮唷！

❷要害城遺跡

武田信玄之父・信虎所築的最後堡壘

位在武田神社東北方2km處的山城，聳立於躑躅崎館後方，固若金湯，是信虎建造來作為緊急時的最後堡壘（詰城）。現在還存留著石牆和土壘等遺跡，讓人遙想當年。不動曲輪（城郭）上聳立著信玄所皈依的不動尊，千萬別錯過了。

址甲府市上積翠寺町 交甲府站搭乘公車（往積翠寺方向）在「積翠寺」下車，徒步約50分鐘可抵達山頂 時 休白天隨時 P有

站在不動曲輪上的武田不動尊

❸武田神社（躑躅崎館遺跡）

建立在信虎・信玄・勝賴武田氏3代城跡的神社

建造在武田家的根據地・躑躅崎館遺址的神社。神社境內有護城河、石牆、水井等遺跡，讓人想像當時的風貌。寶物館展示著信玄使用的扇子、〈武田二十四將圖〉、甲冑等與信玄有關的物品。

址甲府市古府中町2611 交甲府站搭乘公車（往積翠寺方向）在「武田神社」下車，徒步約1分鐘 ¥寶物殿／全票300日圓，小學・國中生150日圓 時9：30～16：30 休全年無休 P有

小憩片刻

◆信玄秘湯 要害

與積翠寺相鄰的旅館，可以不用住宿，單純享受信玄的祕密溫泉。登上要害城遺跡相當吃力，建議回程時可以來泡個溫泉，消除疲勞。

址甲府市上積翠寺町1003 ☎055-253-2611 交甲府站搭乘公車（往積翠寺方向）在「積翠寺」下車，徒步約15分鐘 ¥泡溫泉／700日圓※亦提供住宿 時11：00～21：00 休全年無休 P有

◆甲州餺飥 小作

餺飥（ほうとう）是一種源自中國的料理。傳說信玄從一位中國高僧學到這道料理後，便活用在戰場上，當作戰場食糧，後來成為山梨縣的鄉土料理。在「小作」可以品嚐到製作講究的麵條與使用家傳味噌製作的鐵鍋餺飥。

址甲府市北口1-4-11 ☎055-252-9818 交甲府站徒步約5分鐘 時11：00～22：00 休全年無休 P有

❹信玄公墓（火葬塚）

前往京都途中病逝的信玄火葬地

信玄在前往京都時病情加重，病死在路途中。1573年（天正元年），家臣宅邸在此落成，並將信玄在此火葬。之後，火葬塚成為一處無人造訪之地，直到1779年（安永8年），才被定為信玄之墓，舊臣們也在此打造了石碑。

址甲府市岩窪町246 交甲府站搭乘公車（往武田神社方向）在「護國神社入口」下車，徒步約20分鐘 時 休自由參拜 P有

◎信玄公祭典

男男女女扮成手持「風林火山」旗幟的武田家臣團，在甲府市中心的街上遊行。這是日本規模最大的遊行，集結縣內各地一共1500名的軍力。出征川中島的盛況相當值得一見。

日期：每年4月12日（信玄的祭日）前的星期五～星期日
地點：甲府站前、甲府市中心鬧區、武田神社等
時間：依日程而異

❺大泉寺

信玄之父・信虎的菩提寺

信玄之父・信虎的菩提寺，於1521年（大永元年）建立。信虎被信玄趕出甲斐，死後，遺體被埋葬在大泉寺。這裡因保有信虎、信玄、勝賴3代的肖像而聞名，3人的靈廟也在寺院境內。是一處幸運免於戰火的寶貴遺跡。

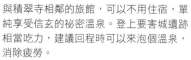

址甲府市古府中町5015 交甲府站搭乘公車（往積翠寺方向）在「武田3丁目」下車，徒步約10分鐘 時休白天隨時 P有

位於甲府站前，隨時可參觀，因此可以挑空檔的時候前往

❻武田信玄公像

儼然成為甲府象徵的信玄像

位於甲府站南口。信玄身著諏訪法性的頭盔與鎧甲，坐在矮凳上，手拿著扇子。銅像高3.1m，基台是御影石（花崗岩）。市民經常約在此地碰面，已成為甲府的象徵。

址甲府市丸の内1 交甲府站徒步約1分鐘 P無

❼長禪寺

信玄之母．大井夫人的菩提寺

信玄因為母親墓地所在的長禪寺位在遠方（現在的南阿爾卑斯市），所以在現址新建了一座長禪寺。擔任住持的岐秀元伯是信玄的導師，信玄日後也在這間寺院出家。此外，這裡也是信玄所定的「甲府五山」之首。搭乘JR中央線，可從車窗眺望紅色的大門與五重塔。

址甲府市愛宕町208 交甲府站徒步約10分鐘 時休自由參拜 P有

❽甲斐善光寺

由長野的善光寺遷移而來

在川中島之戰進行得如火如荼時，信玄擔心長野的善光寺會遭到戰火波及，因此將主神像等遷至甲府，建立這間寺院。武田家滅亡後，主神像陸續經過織田氏、豐田氏之手，最後在德川時代回到了長野。現在這裡的主神像是銅造阿彌陀三尊像，和屬於大型樓門的山門同被指定為國家重要文化財。

址甲府市善光寺3-36-1 交身延線善光寺站徒步約10分鐘 ¥全票500日圓，小學生250日圓 時9：00～16：30 休全年無休 P有

深入探訪

惠林寺

以「滅卻心頭……」這句話聞名的寺院

夢窗國師開設的名剎，亦是信玄的菩提寺。篤信佛教的信玄極力保護這間寺院，但武田家滅亡後，織田軍便攻進此地，將寺院燒毀。著名的「滅卻心頭……」就是當時住持．快川國師所吟誦的。寶物館裡收藏了「風林火山」的軍旗、〈武田二十四將圖〉等許多與信玄相關的物品，是信玄迷必訪景點。

址山梨県甲州市塩山小屋敷2280 交JR塩山站搭乘市內路線公車（往西沢溪谷方向）在「惠林寺前」下車，徒步約1分鐘 ¥參拜費：全票300日圓，小．國．高中生100日圓 時8：30～16：30 休全年無休 P有

湯村溫泉

傳說信玄曾在此療養的秘密溫泉

這個位於湯村山麓的溫泉，據說是由弘法大師創立的。傳說信玄在上田原之戰負傷後，便來到這裡以溫泉療養，因此被列為信玄的秘密溫泉之一。泉質為食鹽泉，42～52℃，對類風濕性關節炎、神經痛、皮膚病、胃腸病等有效果。

址甲府市湯村 ☎055-252-2261（湯村溫泉旅館協同組合） 交甲府站搭乘公車（往敷島營業所方向）在「湯村溫泉鄉入口」下車 休各旅館不同 P有

走訪古戰場
川中島之戰
總共歷經五次的大戰
越後之龍・謙信與甲斐之虎・信玄的激戰

1 川中島古戰場（八幡原史跡公園）

立於雙雄激戰地，充滿魄力的銅像

展開川中島之戰的古戰場。必訪景點是重現信玄用軍配團扇抵擋謙信太刀這個場景的「信玄・謙信一決勝負像」。公園內還有戰亡者的首塚以及土壘的木椿長成的槐木等。

址 長野県長野市小島田町 交 長野站搭乘公車（往松代方向）在「川中島古戰場」下車，徒步約1分鐘 P 有

立於信玄與謙信一決勝負之地的「三太刀七太刀」碑

互鬥的龍虎，在起霧的川中島展開激戰！

川中島之戰總共進行了五次，其中最慘烈的一戰，就是一五六一年（永祿四年）的第四次戰役。

覬覦著統領信濃全域的武田信玄，以及受村上氏請託而出征的關東管領・上杉謙信，雙雙決定結束長年的爭戰，要在這場戰役中一決勝負。信玄布陣於茶臼山，謙信布陣於妻女山，互相對峙，戰況膠著。

率先獲知「謙信開始有所動作」的信玄，聽從軍師山本勘助的進言，將勝利賭在「啄木鳥戰法」上。這種戰法彷彿覓食的啄木鳥，也就是從後方展開攻擊，誘出上杉軍，再前後夾擊。

然而謙信早就識破對方的戰術，漏夜偷偷下妻女山，往八幡原移動。武田軍遭到在濃濃晨霧中突然出現的謙信軍襲擊。謙信用「車懸之陣」展開攻擊，一直到戰役中盤，都是上杉軍佔優勢，但是當武田的先遣部隊從妻女山回來後，戰況便逆轉了。這場戰役最後以雙雄平手坐收。

N
0
800m
OYAKIYA總本家本店
445
382
旧金井山駅
❶川中島古戰場（八幡原史跡公園）
35
❸山本勘助之墓
18
松代大橋
南長野運動公園
❷典廏寺
長野IC
■篠ノ井総合病院
385
千曲川
❹海津城遺跡（松代城遺跡）
池田満寿夫美術館
旧松代駅
東横田公民館
長野電鉄屋代線（2012年4月廃線）
松代PA
403
真田寶物館
上信越自動車道
❺妻女山
旧象山口駅
象山
❻雨宮渡
林正寺
旧雨宮駅

新潟県
川中島
富山県
群馬県
岐阜県
長野県

地點	信濃國川中島（現在的長野縣長野市）
戰爭年份	1561年（永祿4年）
兵力	武田軍（2萬） vs.上杉軍（1萬3千）
主要參戰武將	武田軍…主將 武田信玄 武田信繁、山本勘助、真田幸隆、高坂昌信 上杉軍…主將 上杉謙信 宇佐美定滿、村上義清、柿崎景家、直江實綱

（皆為第4次川中島之戰）

2 典廏寺

供養戰亡者的日本第一閻羅王

在川中島之戰陣亡的信玄之弟．武田信繁的菩提寺。寺院境內有信繁的墓地，以及據說用於清洗信繁首級的「首清井」。其中必訪的景點，是為了供養兩軍戰死者而捐獻的全日本最大閻羅王像。

址 長野市篠ノ井杵淵1000 交 長野站搭乘公車（往松代方向）在「水沢典廏寺」下車，徒步約10分鐘 ¥ 全票200日圓，小學生150日圓 時 8：30～17：00 休 歲末年初 P 有

3 山本勘助之墓

名軍師喪生之地

山本勘助是一位至今仍為人傳頌的名軍師。勘助在第4次川中島之戰中戰死後，便被埋葬於此。他的墓地正如同他的一生，四處遷徙，最終落腳千曲川的河原。

址 長野市松代町柴 交 長野站搭乘公車（往松代方向）車程約25分鐘，在「金井山」下車，徒步約5分鐘 時休 白天隨時 P 無

4 海津城遺跡（松代城遺跡）

以銅牆鐵壁為傲的武田軍前線基地

豎立在松代城內的海津城碑

為了迎接川中島的決戰，信玄命山本勘助在此築起海津城。在第4次戰役中，這座城扮演著武田軍的基地。其後，真田幸村之兄．信之治理這塊土地，並作為居城。附近有真田寶物館、信之之妻小松姬的菩提寺．大英寺等景點，也是與真田氏充滿歷史淵源的地方。

址 長野市松代町松代44 交 長野站搭乘公車（往松代方向）車程約30分鐘，在「松代站」下車，徒步約5分鐘 時 9：00～17：00 P 有

5 妻女山

還留有上杉大本營的遺跡

上杉軍大本營所在的小山。從登山口爬到瞭望臺大約15分鐘。從瞭望臺可以一覽北阿爾卑斯山、戶隱山等群山，亦可想像上杉謙信從此處觀望海津城武田軍的狀況。山麓的「謙信槍尻之泉」，相傳是謙信把長槍刺進地面便冒出的泉水。

址 長野市松代町 交 開車從長野IC或更埴IC皆約20分鐘 時休 白天隨時 P 有

6 雨宮渡 雨宮の渡し

留在交通樞紐的上杉傳說

「雨宮渡」是戰國時期的交通樞紐，傳說在第4次川中島之戰中，1萬3千名上杉軍在夜裡悄然渡河，對武田展開突襲。

址 長野縣千曲市雨宮 交 開車從更埴IC約5分鐘 時休 白天隨時 P 無

北条氏康

以天下名城．小田原城為居城
充分發揮戰略與治世手腕的相模獅子

小田原城天守閣

Houjou Ujiyasu

名將輩出的北条家的第3代當主。無論是在戰爭、外交或內政上，都展現出全能的才華，拓展了北条氏的勢力。

家紋＝三片鱗

巡禮前先掌握 3大基礎知識

❶連信玄、謙信的猛攻都能抵擋的小田原城

說到北条氏就會想到小田原城。雖然秀吉在小田原征伐時硬是闖入城內開城的歷史事件令人印象深刻，但城池從未被武力攻陷的實力也絲毫不虛。

❷北条氏不只一代

自從初代．早雲開始，北条一族就名將輩出。除了氏康之外，其他武將的活躍也不容錯過。

❸最強？甲相駿三國同盟

由甲斐之虎．武田信玄、東海第一弓箭手．今川義元、關東霸主．北条氏康三位戰國時代最具代表性的大名所締結的三國同盟，對日後東國的情勢造成極大的影響。

生卒年
1515年（永正12年）～1571年（元龜2年）

主要居城
小田原城

主要戰役
河越夜戰、小田原征伐

率領著北条一族的名將

戰國時代的東國，被武田信玄、上杉謙信、今川義元等充滿實力的大人物所割據。而與他們平起平坐，創造繁榮的，便是北条氏康。氏康與上杉氏曾數度交戰，又與武田氏、今川氏結盟，在亂世之中巧妙地擴展領土。氏康的手腕，就算和以下克上的代表人物——初代．早雲或氏康之父．氏綱相比，也毫不遜色。

氏康的力量發揮得最透徹的一戰，就是河越夜戰。一五四六年（天文十五年），氏康面對擁有八萬兵力、由關東管領上杉氏率領的關東諸國聯軍，以僅相當於敵軍十分之一的兵力果敢地展開奇襲，打倒許多敵將，獲得大勝。經過這一役，北条氏便打穩了統治關東的基礎。

氏康年輕時的氣度狹小，曾被稱為「相模蠢材」，但在他繼承家督後，便努力經營領國，使國內安定，成為一位民心嚮往的明君。

現在的小田原城幾乎都已是江戶時代改建後的模樣，但也有少部份北条時代留下的遺跡。環繞著城下町的總構遺跡．小峯御鐘台大堀切遺跡就是其中之一，非常值得一訪。此外，雖然不在模範行程路線內，但秀吉在小田原征伐時布陣的石垣山一夜城遺跡，也很值得造訪。只要從本丸遺跡眺望小田原，相信就能體驗小田原征伐是一場規模多麼龐大的戰役了。

稱霸關東的北条氏居城

神奈川縣

小田原

戰國時代規模最大的籠城戰地點——小田原城 一邊追尋遺跡，一邊遙想北条氏的榮耀吧！

北条氏自從第二代・氏綱定居小田原城以來，就以小田原為據點發展。據說在經過數次的改建後，小田原城成為一座方圓長達九公里的大城。當時的建築物雖然在明治時代遭毀，但如今天守閣以及城址公園內的幾道門均已復原。此外，小田原市內各地也留有土壘和護城河遺跡，可想見當時這座城的範圍有多廣大。

模範行程後半部的景點間頗有距離，小田原城歷史見聞館有自行車租借服務，建議可騎乘自行車參觀。

模範行程

▶小田原站
⬇徒步約1分
❶北条早雲公像
⬇徒步約5分
❷北条氏政・氏照之墓
⬇徒步約5分
❸小田原城幸田門遺跡
⬇徒步約5分
❹小田原城大手門遺跡
⬇徒步約5分
❺小田原城址公園
⬇徒步約1分
❻小田原城歷史見聞館
⬇徒步約5分
❼報德二宮神社
⬇徒步約10分
❽小田原城箱根口門遺跡
⬇徒步約15分
❾小田原城早川口遺構
⬇徒步約20分
❿小峯御鐘台大堀切東堀
⬇徒步約20分
⓫八幡山古郭東曲輪
⬇徒步約10分
▶小田原站

❶北条早雲公像

初代・早雲入小田原像

在尋訪與北条氏有淵源的景點前，不如先來看看小田原站西口的初代・早雲像。早雲身旁的是頭上點著火把的3頭牛。重現了1495年（明應4年）早雲奪下小田原城的一幕。據說當時早雲在1000頭牛的頭上綁著火把，從小田原城後方的箱根山衝出，讓敵人誤以為是大軍進攻。

址 神奈川県小田原市城山1　交 小田原站徒步約1分鐘　P 無

北條早雲公

小田急小田原線
東海道新幹線
東海道本線
❶北条早雲公像
米橋
❷北条氏政・氏照之墓
小田原駅
美濃屋吉兵衛
城山陸上競技場
❺小田原城址公園
⓫八幡山古郭東曲輪
❸小田原城幸田門遺跡
小田原競輪場
❹小田原城大手門遺跡
❼報德二宮神社
❿小峯御鐘台大堀切東堀
天守閣
❻小田原城歷史見聞館
❾小田原城早川口遺構
馬出門
常磐木門
銅門
箱根板橋駅
❽小田原城箱根口門遺跡
0 500m
N

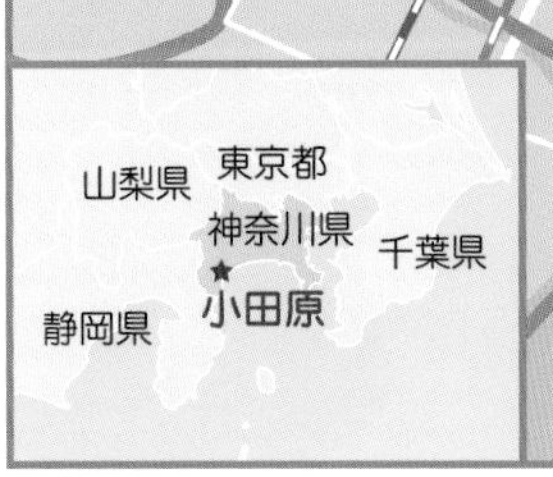

山梨県
東京都
神奈川県
千葉県
静岡県
小田原

▶▶前往小田原站的交通方式

出發地	車站	路線・時間	目的地
東京	東京站	JR東海道本線 約1小時30分鐘	小田原站
	新宿站	小田急線浪漫特快 約1小時20分鐘	小田原站
大阪	新大阪站	東海道新幹線 約2小時20分鐘	小田原站

車　從小田原厚木公路・萩窪 IC 約 10 分鐘

❹小田原城大手門遺跡

石牆令人追憶的大手門與建城時建造的鐘

在稻葉氏擔任城主的1633年（寬永10年），原來位在箱根口附近的大手門才遷移至現址。進入大手門可看見三之丸，道路兩旁是家老等級的宅邸。巷子裡的鐘，早上、傍晚6點會各敲一次，至今不變。

址 小田原市本町1　小田原站徒步約20分鐘　休 白天隨時　P 無

❷北条氏政・氏照之墓

小田原城被攻陷時的悲劇

1590年（天正18年），北条氏向豐臣秀吉投降時，當主・氏直因為娶了德川家康的女兒而免於切腹的命運，只被流放到高野山，而由父親・氏政與其弟・氏照來背負責任。據説面對墓地右手邊的五輪塔是氏政，左手邊的五輪塔是氏照。

址 小田原市栄町2-7-8　小田原站徒步約5分鐘　休 白天隨時　P 無

❺小田原城址公園

天守閣是小田原市的象徵

小田原城的本丸、二之丸部份，現在已規劃為公園。若想參觀所有重建的城門，可以從位於堀端通的正門進入，依序參觀馬出門、銅門、常磐木門，再登上天守閣。

址 小田原市城內6　小田原站徒步約10分鐘　¥ 天守閣／全票410日圓，小學・國中生150日圓　9：00～17：00 ※6～8月的星期六・星期日・國定假日為9：00～18：00（最後入場時間為閉館前30分鐘）　休 12月的第2個星期三、12/31～1/1　P 無

❸小田原城幸田門遺跡

罕見的三之丸遺跡之一

相當於三之丸（譯註：第三道城郭）的北門。現在雖然已被掩埋於道路及建築物之下，但在小田原郵局的後方仍可看見東側的三之丸土壘。從北条時代至江戶時代前期，這裡被稱為「四門」。歷史記載信玄和謙信進攻小田原城的時候，曾在這道門附近展開激戰。

址 小田原市栄町1　小田原站徒步約10分鐘　休 白天隨時　P 無

常磐木門

常磐木門是本丸的正門，因此打造得非常堅固，並設有多聞櫓與渡櫓。門旁種有常磐松，因此得名。

銅門

銅門北側有藩主的宅邸——二之丸御屋形。名稱的由來，是因為門上使用銅來作為裝飾。

馬出門

馬出門是江戶時代頻繁使用的重要城門。明治時代解體，後來在2009年斥資5億日圓還原成原來的樣貌。

天守閣

複合式的天守閣，中央是3段式、4層樓的大天守。內部空間展示著史料與武器等文物。在海拔約60m的最上層可以將相模灣盡收眼底。

巡禮重點！

為了對抗秀吉那傢伙，我們北条一族用全長長達9km的護城河和土壘把小田原城給環住了。因此如果想繞一整圈，記得多留一點時間唷！

❽小田原城箱根口門遺跡

北条時代後期的大手門遺跡

直到江戶時代初期都還留有大手門的箱根口門遺跡，現在是三之丸小學。小學南側路旁的石牆上，有一座箱根口門遺跡碑。江戶時代的藩校・集成館就在這附近。

址小田原市本町1 交小田原站徒步約25分鐘 時休白天隨時 P無

❻小田原城歷史見聞館

透過模型與影像瞭解小田原城的歷史

館內由4個區域組成，分別為小田原城歷史介紹、透過人偶劇瞭解北条5代的軌跡、原貌重現的小田原宿場（驛站）以及現代的小田原資訊。

址小田原市城內3-71 交小田原站徒步約10分鐘 ¥全票300日圓，小學・國中生100日圓 時9：00～17：00（入館時間至16：30為止） 休12/31～1/1 P無

❾小田原城早川口遺構

小田原城總構西南方的虎口

北条氏為了抵擋準備攻打小田原的豐臣秀吉，於是建造了環繞整個城下町的小田原城總構，而位在總構西側平地上的遺址，就是有虎口之稱的出入口。這裡設有雙重土壘，土壘之間有護城河作為通道。

址小田原市南町4-4 交小田原站徒步約45分鐘 時休白天隨時 P無

❼報德二宮神社

保留戰國時代城型的護城河遺跡

這間雄偉的神社建於小田原城的曲輪之一——小峯曲輪，祭祀的是出生於小田原、致力於振興農村的二宮尊德。神社境內右邊的護城河遺跡，就是小峯曲輪的北護城河。護城河寬約21m，原本的深度約為7～8m。沒有使用石牆的土壘與護城河遺跡，保留了小田原城在戰國時代的原形，相當珍貴。

址小田原市城內8-10 交小田原站徒步約15分鐘 時9：00左右～18：00（冬季為9：00左右～17：00） P有

小憩片刻

◆米橋

最吸引人的餐點是號稱還原了「北条氏康當時菜色」的中世餐點，但必須在一星期之前訂位（8人以上）。亦可在無須預約的吧檯座位享用天婦羅晚餐套餐。也可以單點小酌一番。

址小田原市栄町2-2-11 ☎0465-22-4645 交小田原站徒步約5分鐘 時17：00～21：00（訂位者或包廂不限） 休星期日 P無

◆美濃屋吉兵衛

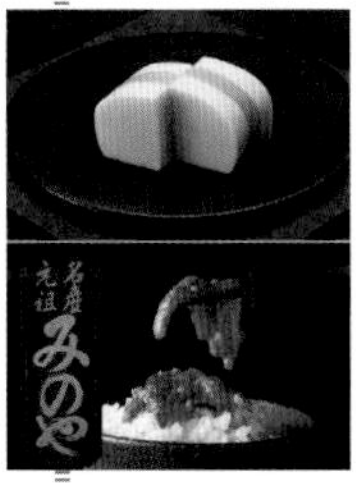

小田原名產——魚板，是採用嚴選材料製成的極品。而江戶時代廣受旅人喜愛的鹽漬花枝和梅乾，也很推薦一嚐。堅守開業450年來的傳統美味，更曾進獻皇室。

址小田原市栄町2-7-38 ☎0120-181-308 交從小田原站徒步約3分鐘 時9：45～18：30 休全年無休（歲末年初除外） P有

❿小峯御鐘台大堀切東堀

想親自走過的巨大東護城河

以東護城河、中護城河（現為道路）、西護城河等3條護城河構成的大堀切，是在北条時代末期建成的。為了防禦城的西側，甚至將延伸至本丸的八幡山丘陵末端切斷。東護城河是3條護城河當中保留最多原貌的一條，寬20～30m，深12m，傾斜50～60度，是一處巨大的護城河遺跡。

址小田原市城山3 交小田原站徒步約30分鐘 時休白天隨時 P無

⓫八幡山古郭東曲輪

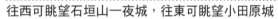

往西可眺望石垣山一夜城，往東可眺望小田原城

早雲從大森氏手中奪下的城，位在八幡山丘陵的末端，是一片海拔約69m的平地。一般認為這裡是戰國時代小田原城的中央部份。從東曲輪往西可以看見石垣山一夜城，往東可以遠眺小田原城的天守閣。

址小田原市城山3-23 交小田原站徒步約10分鐘 時休白天隨時 P無

深入探訪

早雲寺

早雲之子・氏綱建立的北条氏菩提寺

從初代・早雲開始，北条氏代代皈依的寺院。1590年（天正18年），豐臣秀吉攻打小田原時，秀吉將大本營設在此地。一夜城裡還留著據傳當時出征前敲的梵鐘。現存的北条5代之墓，是由唯一傳下的北条氏規家系的狹山北条氏為了供養祖先所建。此外，寺院內有北条早雲、氏綱、氏康的肖像畫，每年在限定期間內會公開展出1次，有興趣的人請至官方網站確認日期。

址神奈川県足柄下郡箱根町湯本405 從箱根登山鐵道箱根湯本站徒步約15分鐘 9：00～16：00 P有

館內展出
這些史料！

北条氏康畫像

箱根神社

北条寺也崇信的箱根權限

757年（天平寶字元年），萬卷上人進入箱根山，將三柱神當作箱根三所權限祭祀，是一處神佛混淆（譯註：又稱神佛習合，是將日本本土信仰與佛教折衷融合而形成的信仰系統）之地。北条寺也將箱根權限視為武神崇拜。秀吉攻打小田原的時候，社殿遭到燒毀，於是勢力日漸衰退。

址足柄下郡箱根町元箱根80-1 從JR箱根湯本站搭乘箱根登山公車（往元箱根・箱根町方向）在「元箱根」下車，徒步約10分鐘 ¥寶物殿／全票500日圓，半票300日圓 寶物殿／9：00～16：30（入場時間至16：00為止） P有

石垣山一夜城歷史公園

可一覽小田原城

在小田原征伐中，秀吉偷偷在這座山上築城，完成後，便把面對北条氏固守的小田原城一側的樹木一口氣砍伐殆盡。據說城裡的士兵們看見一夜之間出現的城郭，全都嚇了一跳。實際上築城的工期約有80天左右。石牆據說是由近江的穴太眾（譯註：日本近世初期的石工組織）以天然石堆疊製成。以築石牆的方式所打造的井是必看景點。

址小田原市早川字梅ヶ窪地內 從東海道本線早川站徒步約40分鐘 休白天隨時 P有

從石垣山一夜城歷史公園遠眺的景色

井戶曲輪遺跡的井

箱根關所遺跡

江戶時代的關東防衛要地

在江戶時代，俗稱「入鐵炮出女」（譯註：進入江戶的槍枝和離開江戶的女性皆須嚴格控管），對旅客進行嚴格盤查的關東出入口。現在關所的建築物已經重建，並藉由人偶重現出當時的樣貌。另外，一般認為在北条氏的時代，關所的角色是由小田原城的支城——山中城所扮演。

址足柄下郡箱根町箱根1 從JR箱根湯本站搭乘箱根登山公車（往箱根町方向）在「箱根關所跡」下車，徒步約2分鐘 ¥全票500日圓，小學生250日圓 9:00～17:00（12～2月為9：00～16：30，最後入場時間為閉館前30分鐘） P有

善榮寺

北条氏康妻子之墓

氏康之妻・瑞溪院所振興的寺院。瑞溪院出身今川家，是在桶狹間之戰中敗給信長的今川義元的親姊姊，真名不詳。寺院境內除了瑞溪院的墓地外，還有據傳是寺院開宗始祖巴御前及其夫・木曾義仲之墓的五重塔。

址小田原市栢山868 從小田急小田原線栢山站徒步約8分鐘 休自由參拜 P有

走訪古戰場 小田原征伐

小田原征伐的激戰地 探訪北条氏的名城

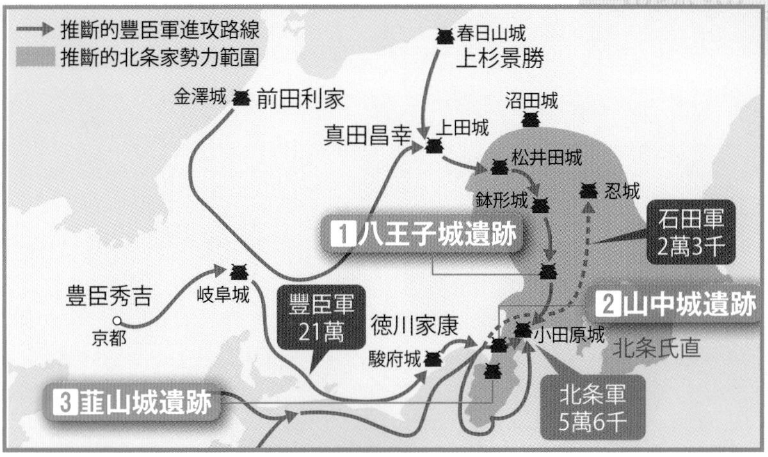

推斷的豐臣軍進攻路線
推斷的北条家勢力範圍
春日山城
上杉景勝
金澤城
前田利家
沼田城
真田昌幸
上田城
松井田城
鉢形城
忍城
石田軍
2萬3千
1八王子城遺跡
豐臣秀吉
岐阜城
京都
豐臣軍
21萬
德川家康
2山中城遺跡
小田原城
北条氏直
駿府城
3韮山城遺跡
北条軍
5萬6千

出兵九州後，將西日本納入手中的秀吉，最後的進攻目標就是關東霸主・北条氏。一五九八年，北条家臣・猪俣邦憲攻佔真田氏的名胡桃城後，秀吉便以此為藉口，率領超過二十萬名的大軍出兵攻打北条氏。

秀吉軍藉著壓倒性的戰力拿下了北条軍擔任西側防禦任務的山中城、韮山城，包圍小田原城，將四周的支城逐一攻下。

最後，八王子城在猛攻下僅一天就失守，小田原城面前又突然出現石垣山城，使得這座天下名城陷入孤立無援，只稍作抵抗，便不得不開城。

走訪小田原征伐的古戰場時，除了小田原城之外，建議也去看看小田原城附近當時實際成為戰場的支城。

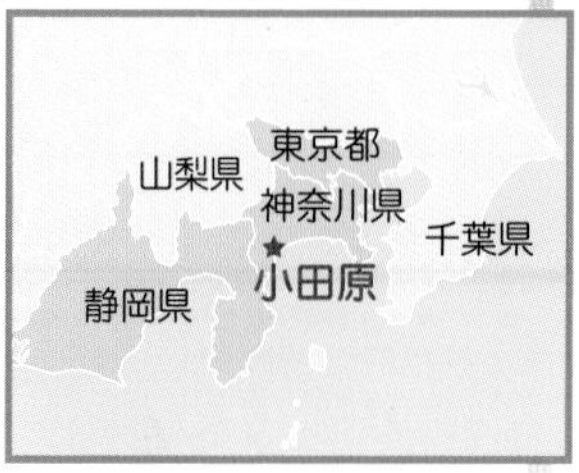

山梨県
東京都
神奈川県
千葉県
静岡県
小田原

地點

相模國週邊（現在的神奈川縣）

戰爭年份

1590年（天正18年）2月～7月

兵力

豐臣軍（21萬） vs.北条軍（5萬6千）

主要參戰武將

豐臣軍…主將 豐臣秀吉 羽柴秀次、德川家康、織田信雄等

北条軍…主將 北条氏直 北条氏政、北条氏照、北条氏忠等

1 八王子城遺跡

關東首屈一指的金城

猛將・北条氏照為了阻擋武田氏的侵略而築的山城。據說這座固若金湯的城池，是以安土城為參考所建的。在與豐臣軍的戰役中，攻城戰在城主不在的狀況下展開，於是掀起死傷將近1千人的激戰。御主殿的石牆，以及傳說城攻陷後，城內女性集體自殺的御主殿瀑布等，都是精彩的景點。

址 東京都八王子市元八王子町3・下恩方町・西寺方町 交 從中央本線高尾站搭乘西東京公車在「靈園前」下車，徒步約15分鐘 ※星期六・星期日・國定假日行駛的是往「八王子城遺跡」方向 休 白天隨時 P 有

2 山中城遺跡

防禦小田原西側的重要據點

面對擁有4萬兵力的豐臣軍，只有4千兵力的北条軍只抵抗了半天，城就被攻陷。現在遺跡有草地保護，可以明顯看見堀障子（譯註：設置於護城河底的陷阱或障礙物）等北条氏城池的特徵。

址 静岡県三島市山中新田字 交 從JR三島站搭乘沼津登山東海公車（往元箱根港方向）在「山中城跡」下車，徒步約3分鐘 休 白天隨時 P 有

3 韮山城遺跡

北条早雲臨終之地

15世紀末，北条早雲以此城為據點，稱霸伊豆、試圖往關東發展。在小田原征伐中，即使面對兵力多出10倍以上的敵軍，也堅守超過3個月的時間。相當於主城郭部份的龍城山上，留有土壘和堀切的遺跡。

址 静岡県伊豆の国市韮山町韮山 交 從伊豆箱根鐵道韮山站徒步約15分鐘 休 白天隨時 P 有

石田三成

彷彿秀吉左右手的智將
貫徹對豐臣家的忠義，參與關原之戰

佐和山城遺跡

Ishida Mitsunari

以小姓的身份侍奉秀吉，後來飛黃騰達，成為豐臣政權五奉行之一。在秀吉死後爆發的關原之戰中率領西軍作戰。

巡禮前先掌握
3大基礎知識

❶ 從土豪成為天下共主的奉行

三成是石田村出身的土豪之子，因為天資聰穎，一開始雖只是秀吉的小姓，最後成為五奉行。

❷ 不善戰鬥的真偽？

三成可以輕鬆處理後勤任務等高難度的政務，但是武力卻不高。有人說他不善戰鬥，但真相成謎。

❸ 率領西軍參加關原之戰

為了報豐臣家之恩，在關原之戰率領西軍出征，然而卻吞下敗仗，最後遭到斬首。

旗印＝大一大萬大吉

生卒年
1559年（永祿2年）～1600年（慶長5年）

主要居城
佐和山城

主要戰役
賤岳之戰、小田原征伐、關原之戰

從土豪之子到天下霸主的左右手

石田三成是近江國長濱土豪的次男。長濱城主豐臣秀吉發現了他的才智，於是讓他以小姓的身份進城。其後，他負責太閣檢地等豐臣政權的政務，改建位於現在滋賀縣彥根市的佐和山城，並成為城主。佐和山城有五層天守，雄偉得甚至有人說「給三成太浪費了」。

秀吉辭世後，德川家康勢力抬頭。家康趕走三成，不斷擴展勢力。三成舉兵征伐德川家康，心中或許抱著一份想報答秀吉恩情的使命感吧！即使在關原之戰成為敗將，遭到處刑，三成依然對豐臣家盡忠盡義。

旅途良伴
書籍介紹

關原

司馬遼太郎

為了守護豐臣家
而戰到最後一刻的三成

時代小說巨匠・司馬遼太郎的傑作。書中描寫石田三成在關原之戰中，是如何為了守護豐臣家而戰。作品分成上中下3集，一旦拿起本書，東軍、西軍各自的想法與謀略會讓人忍不住繼續看下去。

関ヶ原
司馬遼太郎
上

新潮社／上・中・下集
上・中集788日圓，下集746日圓（含稅）

石田三成

三成誕生之地，湖北最大城市

滋賀縣

長濱

座落於湖畔，見證了三成盛衰的城市 分為石田町、長濱市兩路巡禮吧！

長濱城所在的長濱市區，自古就被稱為今濱，因為扮演琵琶湖水運樞紐的角色而繁榮。秀吉因為淺井之戰有功而獲得這塊土地作為賞賜，於是在沿岸築城，並採用信長的「長」字，將地名改為長濱。

三成出生的石田町，位於長濱城東方約五公里處。秀吉在攻打淺井氏的時候，以橫山城作為基地，而石田町就位在橫山城的山麓，因此也是個與秀吉頗具緣份的地方。據傳三成和秀吉就是在橫山城山麓的觀音寺相遇的。

最值得推薦的必看景點，就是三成的出生地石田町，以及他作為小姓侍奉秀吉時所在的長濱城週邊。

出会いの広場

❶相逢廣場

全國的三成迷都會聚集在此 石田町的入口

搭乘公車在「石田」站下車後，就能看見石碑、旗幟和表示「三獻茶」的紀念碑。這是全國喜愛三成的人聚集的聖地。從這個站牌到每一個史跡都只要5分鐘左右的路程，因此建議以此為起點進行巡禮。

址 滋賀県長浜市石田町562 交 長濱站搭乘公車（往近江長岡站方向）在「石田」下車即達 P 無

石田治部少輔三成屋敷跡

福井県
岐阜県
★長濱
京都府
滋賀県
愛知県
三重県
❼豐國神社
長浜駅
❻長濱城
❺秀吉公與石田三成公相逢之像
長浜市役所
長浜バイパス
北陸自動車道
横山城跡
観音寺
❹產湯之井
石田町
徳明寺
❶相逢廣場
至 長浜駅
長浜石田郵便局
日吉神社
❸八幡神社
❷石田會館
東海道新幹線
北陸本線
田村駅
琵琶湖
8
N
0 1km

▶▶前往長濱站的交通方式

出發地	車站	路線	轉乘站	路線	目的地
東京	東京站	東海道新幹線 約2小時20分鐘	米原站	JR北陸本線 約10分鐘	長濱站
大阪	大阪站	JR東海道本線 約1小時30分鐘	米原站	JR北陸本線 約10分鐘	長濱站

車 從北陸自動車道．長濱 IC 約 15 分鐘

模範行程

▶長濱站
⬇公車（往近江長岡站）

石田町
- 公車站「石田」
- ⬇下車即達
- ❶相逢廣場
- ⬇徒步約5分
- ❷石田會館
- ⬇徒步約5分
- ❸八幡神社
- ⬇徒步約6分
- ❹產湯之井
- ⬇徒步約3分
- 公車站「石田」
- ⬇公車約40分

長濱
- 長濱站
- ⬇徒步約1分
- ❺秀吉公與石田三成公相逢之像
- ⬇徒步約8分
- ❻長濱城
- ⬇徒步約8分
- ❼豐國神社
- ⬇徒步約5分

▶長濱站

巡禮重點！

造訪此地時，可以搭乘公車或在長濱站租借自行車，比較方便。範圍雖然很大，但可以在一天內逛完沒問題。

❷石田會館

宅邸遺跡現在成為集會所

三成的宅邸遺跡，現在改建為石田會館。當時的護城河現在有一部分變成池塘，宅邸內有展示三成相關史料的空間，此外還有寫著「誕生之地」的石碑以及銅像。在公共設施較少的石田町，這是少數可以借用洗手間的重要地點，在石田町散步時可以多加利用，也可以把這裡當作前往觀音寺的中繼站。

↑立於宅邸遺跡的三成銅像。以三成晚年形象塑造的銅像，表情相當柔和

石田三成公屋敷跡

址長浜市石田町576 巴長濱站搭乘公車（往近江長岡站方向）在「石田」下車，徒步約5分鐘 ┗平日9：30～12：20，星期六、星期日、國定假日13：00～17：00 P有

⬅寫著誕生之地的石碑

三成くん

⬆在三成君的立牌拍照留念吧！

❸八幡神社

悼念石田一族的供養塔

據說石田家的人們都信奉的八幡神社，神社的後方有石田家一族的供養塔。1973年（昭和48年），此處出土了許多五輪塔，當時推測這是石田一族的供養塔，於是加以重建。

址長浜市石田町548 巴長濱站搭乘公車（往近江長岡站方向）在「石田」下車，徒步約5分鐘 ┗休白天隨時 P無

追悼石田一族的供養塔，人們絡繹不絕地前來獻花

❹產湯之井 產湯の井戸

汲取三成產湯的井

從石田三成宅邸遺跡回到馬路上，經過公車站牌，再往北走。在「產湯井戶」標示處轉彎，就是傳說用來作為三成出生入浴的井。據說這口井原本位在宅邸的北側。

址長浜市石田町644 巴長濱站搭乘公車（往近江長岡站方向）在「石田」下車，徒步約3分鐘 ┗休白天隨時 P無

石田三成
產湯の井戸

◎三成公供養祭

當地的人們所舉辦的三成供養祭。舉行的地點在石田會館等地方，人們從日本全國各地前來，為三成的冥福祝禱。週邊的設施也會舉辦座談會等活動。日程等必須自行確認。

日期：每年11月第1個星期日或國定假日（須事先確認）
地點：八幡神社、石田會館等
聯絡電話：0749-62-8285（（財）石田三成公事蹟彰顯會）

深入探訪

觀音寺

秀吉和三成相會的寺院

三成和秀吉初次相逢發生「三獻茶」的舞台。寺院境內那座據說當初三成汲水的井，至今仍有井水。正殿是國家指定的重要文化財。從石田町開車至此約10分鐘，過了隧道即可抵達。

址滋賀県米原市朝日1342 交長濱站搭乘公車（往近江長岡站方向）在「朝日」下車，徒步約5分鐘 L休白天隨時 P有

傳說中三成汲水的井

❺秀吉公與石田三成公相逢之像

在長濱站圓環迎接各位

長濱站東口的圓環，豎立著秀吉與三成的銅像。銅像的場景，是當時擔任寺院小姓的三成替剛狩獵完老鷹回來的秀吉獻上三杯茶的逸事。從銅像往東直走，便可抵達石田町。

址長浜市北船町1-5 交長濱站徒步約1分鐘 P無

三成平步青雲的契機 何謂「三獻茶」？

使得三成侍奉秀吉的契機——「三獻茶」的故事，是這樣的。

某一天，秀吉獵鷹結束後，在寺院裡休息，而當時在寺院擔任小姓的三成，便替秀吉獻茶。他第一次獻上的是大杯的溫茶，口渴的秀吉立刻將茶一飲而盡。接著，三成又獻上一杯較小杯且稍熱的茶；秀吉向三成再要了一杯，於是他獻上了一小杯熱騰騰的茶。

三成懂得體察對方想要什麼，並且展現出體貼。秀吉對此相當感動，於是就把三成帶回來當家臣了。

❻長濱城

三成展開武士人生之地

這裡是三成在城裡工作的起點。現在的長濱城，是模仿秀吉時代的建築物建成的，裡面有長濱市歷史博物館，展示著秀吉、三成以及長濱的歷史資料。最上層是瞭望臺，可以一覽琵琶湖，最推薦的是琵琶湖的夕陽美景。

址長浜市公園町10-10 ☎0749-63-4611 交長濱站徒步約5分鐘 ¥高中生以上400日圓，小學．國中生200日圓 L9：00～17：00（入場時間至16：30為止） 休歲末年初、更換展示品．維修期間 P有

❼豐國神社

祭祀豐臣秀吉

秀吉死後，當地民眾所建立的神社，祭祀著秀吉。進入江戶時代後，幕府下令毀掉此神社，但人們只將其改名為惠比壽神社，依然保留至現在。

址長浜市南呉服町6-37 交長濱站徒步約5分鐘 L休白天隨時 P有

滋賀縣

彥根

豪華五層天守閣聳立的佐和山

太閤秀吉賜予的佐和山十九萬石領土
現在因彥根城而聞名，有許多與三成相關的遺址

❶龍潭寺
❸清涼寺
県立彦根
総合運動場
金亀公園
❷佐和山城遺跡
滋賀大
❹彦根城
彦根市役所
彦根東高
佐和山
美術館
彦根駅
0
400m
N

三成在豐臣政權下擔任文官，表現活躍。彥根有著三成當上城主的第一座，也是最後一座城——佐和山城的遺跡。佐和山城有著華麗的五層天守，這座城宏偉得甚至有句俗話說：「給三成太浪費的東西有二，島左近與佐和山城。」另外，重臣．島左近的宅邸遺跡，也是能讓人回想起三成光榮時代之地。

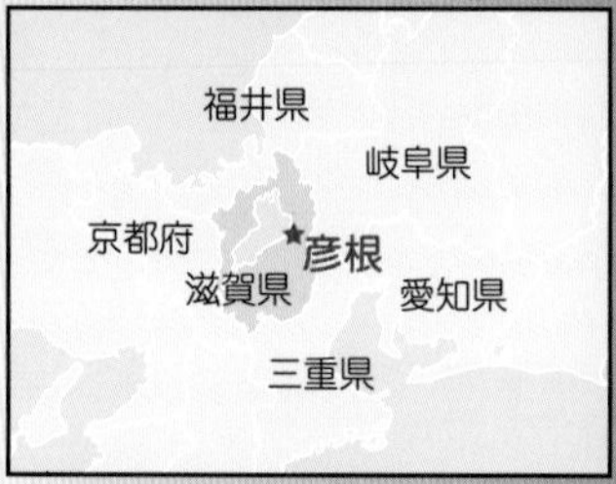

福井県
岐阜県
京都府
彦根
滋賀県
愛知県
三重県

模範行程

▶彥根站
⬇徒步約20分
❶龍潭寺
⬇徒步本丸遺跡約20分
❷佐和山城遺跡
⬇徒步約25分
❸清涼寺
⬇徒步約20分
❹彥根城
⬇徒步約10分
▶彥根站

❶龍潭寺

佐和山城的遺產？

沿著階梯往上走，便能看見三成的銅像。寺院境內的陣鐘（譯註：在戰場上敲擊，表示種種暗號的鐘）和紙門，據說都是以前用於佐和山城的。池泉觀賞式庭園也非常美麗。

址滋賀県彦根市古沢町大洞1104 🚃彥根站徒步約20分鐘 ¥全票400日圓（包括庭園與建築物內） ⏱9：00～17：00 P有

❷佐和山城遺跡

城裡充滿三成對領土的愛

現在立有石碑

三成進行大幅改建的城。山頂往西可看見琵琶湖，往東可眺望東山道，景緻壯麗。井伊家在建造彥根城的時候，曾經將其解體，因此只留下天守台的一部分石牆。這裡雖已整頓為登山步道，但岩石山路易滑，必須備妥登山裝備再前往。

址彥根市佐和山町 🚃彥根站到登城口徒步約20分鐘，到本丸遺跡徒步約20分鐘 P無

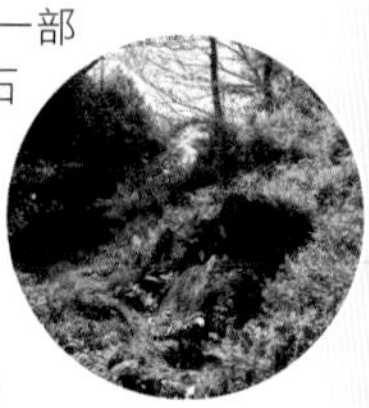

佐和山城唯一留下的遺跡，推測為天守台的石牆

❸清涼寺

侍奉三成的重臣．島左近宅邸遺跡

島左近和佐和山城一樣，被評為「給三成太浪費了」，據說這裡是島左近曾居住過的宅邸遺跡。現在並無對外公開，因此無法進入。

址彥根市古沢町1100 🚃彥根站徒步約20分鐘 P法事客人專用

據說自佐和山城遷移而來的太鼓櫓。踩踏時會發出宛如太鼓的聲音，因而得名

❹彥根城

以佐和山城的遺跡遷移改建而成

彥根城是將許多座城的部份回收再利用而建成的城。城主代代都是由井伊家擔任，明治時期躲過了廢城令，現在被指定為國寶。三成擔任城主的佐和山城遺構，也有一部分被拿來使用，也就是名為太鼓櫓的櫓。

址彥根市金亀町1-1 🚃彥根站徒步約10分鐘 ¥全票600日圓，小學．國中生200日圓 ⏱8：30～17：00（入場時間至16：30為止） 休有

天守是國家指定的國寶

走訪古戰場
忍城之戰

石田三成的大規模水攻
日本三大水攻之一！

1 忍城
行田市駅
忍川
秩父鉄道
観光ガイドステーション
行田市役所
持田駅
行田警察署
城西時計塔
水城公園
3 高源寺
2 佐間天神社
4 埼玉古墳公園
0 400m
N
至 石田堤

即將統一天下的秀吉在進行小田原征伐的時候，三成對敵方北条的支城──忍城展開了攻擊。

面對二萬名石田軍，兵力只有二千的忍城軍固守在城內。原以為北条軍會敗在壓倒性的人數之下，但包括女傑‧甲斐姫在內，忍城軍個個抱著必死的決心奮戰，英勇抵抗。三成為了用水攻忍城，只花了短短五天就打造出一道堤防。他將利根川和荒川的水引進城裡，不過本丸並沒有因此淹沒，非但如此，堤防還因為豪雨而潰堤，石田軍在大水的侵襲下死傷慘重。

忍城軍在主城‧小田原城開戰後，依然繼續堅守，成為豐臣軍唯一無法攻陷的城池。

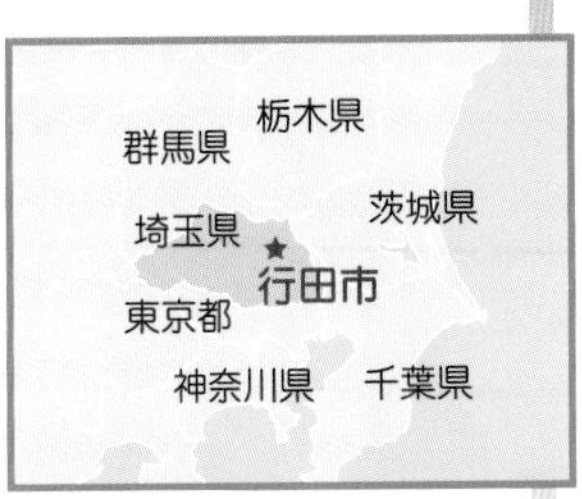

群馬県
栃木県
茨城県
埼玉県
行田市
東京都
神奈川県
千葉県

地點

武藏國（現在的埼玉縣行田市）

戰爭年份

1590年（天正18年）6/7～7/17

兵力

石田軍（2萬）vs.忍城軍（2千）

主要參戰武將

石田軍…**主將** 石田三成
大谷吉繼、長束正家、真田昌幸、佐竹義重

忍城軍…**主將** 成田長親
正木丹波守利英、柴崎和泉守、酒卷靭負、甲斐姫

1 忍城

三成無法攻克之城

忍城遺跡中的御三階櫓是後來重建的。城裡規劃為博物館，展出豐富的戰爭相關資料。「忍城款待甲冑隊」的演武表演也相當精彩。

址 埼玉県行田市本丸17-23 ☎048-554-5911 🚃秩父鐵道行田市站徒步約11分鐘 ¥全票200日圓，大學‧高中生100日圓，小學‧國中生50日圓 ⏰9：00～16：30（入場時間至16：00為止） 休 星期一（如遇國定假日則下一個平日公休）、第4個星期五、歲末年初 P有

石田堤碑

三成當時建造的石田堤，仍有部分留下

2 佐間天神社

忍城軍守住的場所

忍城之戰中，忍城軍的正木丹波守利英為了守住當時的佐間口，而在此地奮戰。現在此地建為神社。

址 行田市佐間1-10-6 🚃秩父鐵道行田市站徒步約11分鐘 ⏰休 自由參拜 P無

3 高源寺

追悼戰爭犧牲者的寺院

正木丹波守在戰爭結束後便出家，建造了這間寺院。據說他不分敵我雙方，祭悼所有的戰死者，在此度過餘生。寺院境內立有正木丹波守的墓地。

址 行田市佐間1-2-9 🚃秩父鐵道行田市站徒步約15分鐘 ⏰休 自由參拜 P有

さきたま古墳公園
4 埼玉古墳公園

成為三成陣地的古墳

公園內的全日本最大圓墳‧丸墓山古墳，是三成的陣地遺跡。三成就是從這裡望著忍城的。

址 行田市埼玉4834 🚃秩父鐵道行田市站徒步約35分鐘 ⏰休 白天隨時 P有

被攻陷的吉田郡山城的石牆

家紋＝一文字三星

毛利元就

克服逆境，朝向勝利前進　戰國時代頭號智將

Mouri Motonari

將原本只擁有零星勢力的毛利家推上中國地方霸主之位。被譽為戰國最聰明的智將。

巡禮前先掌握　3大基礎知識

❶ 從安藝土豪變成中國霸者

毛利家原只是弱小的土豪，靠著元就使得勢力得以大幅躍進，以吉田郡山城為據點展開征戰。

❷ 發揮謀略，擊潰大敵

元就的魅力之一，就是他歷經多次逆轉情勢的鬥智之戰。在吉田郡山城之戰及嚴島之戰中，均憑著漂亮的奇襲扭轉了不利的戰局，最後獲得勝利。

❸ 元就崇敬嚴島神社

元就一直以來都非常崇敬嚴島神社。在循著元就的軌跡，探訪「嚴島之戰」遺跡時，絕對不可錯過這個景點。

生卒年
1497年（明應6年）～1571年（元龜2年）

主要居城
多治比猿掛城、吉田郡山城

主要戰役
吉田郡山城之戰、嚴島之戰

稱霸中國地方的謀士

毛利元就是個人人敬畏的「謀神」。他的智謀，就連著名的武田信玄軍師——山本勘助也曾讚嘆：「在足利尊氏、新田義貞之後，就只有毛利元就了。」

元就出生在安藝國吉田地頭（譯註：日本鎌倉幕府在全國莊園設置的地方下級官吏，主要職責是替幕府或領主徵收年貢）之家，自幼便接連喪親，其後又遭到家臣背叛，被逐出居城，度過一段懷才不遇的時光。但是他憑著才智與謀略，成為養子，利用政治手段進行收買、用計、暗殺、製造叛亂等，終獲成功。

一五二三年（大永三年），元就打倒同父異母的弟弟，繼承家督，從此巧妙地遊走於尼子氏與大內氏間，歷經「嚴島之戰」、「吉田郡山城之戰」後，成為超越上述兩勢力的戰國大名，最後晉升為統治大半中國地方的大大名（註：勢力範圍廣達數個令制國的大名）。

旅途良伴　書籍介紹

毛利元就

山岡莊八

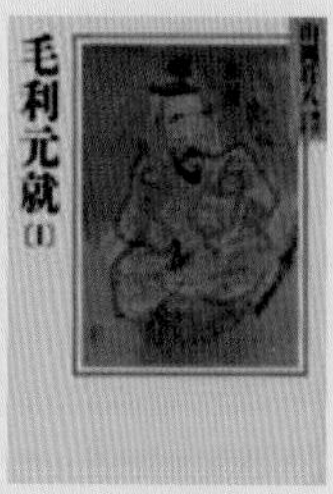

毛利元就

山岡莊八描繪出的堂堂正正的元就

利用智謀在亂世往上爬的元就，經常被描寫成「老奸巨猾的謀略家」，但是山岡莊八筆下的元就，並沒有那麼陰險。元就強調團結的重要性，以「百萬一心」為口號，堂堂正正地在亂世中立足的模樣，非常值得一讀。

講談社／全2集
各777日圓（含稅）

毛利一族的發跡地

安藝高田

具有元就的居城・吉田郡山城等許多必訪景點　在這片土地上可以感受到毛利氏的繁盛

安藝高田是眾所皆知的元就根據地。一三三六年（建武三年），毛利時親成為吉田莊的地頭，打造吉田郡山城，自此便成為毛利氏的根據地。

元就繼承家督後，便進行大規模的改建，從地方豪族躍升為戰國大名。這塊土地上留有許多與元就相關的史跡。其中吉田郡山城更是戰國最大規模的山城，推薦各位實際走訪這個主要景點，體驗它的雄偉。元就之墓後的景點安排全都必須走山路，因此請務必做好登山的準備。從安藝高田開車約一小時可抵達的山縣郡北廣島町，即元就的次男——吉川元春的根據地，建議可以順道造訪。如果不想只參觀吉田郡山城，而想進行範圍更廣的巡禮，亦可在廣島市內租車。

❶安藝高田市歷史民俗博物館

展出毛利一族、吉田郡山城的史料

座落於吉田郡山城入口的博物館。館內展出元就親筆撰寫的書狀及山城的出土物等史料，可以瞭解吉田的歷史。先在這裡拿份城內配置圖和簡介手冊吧！

址 広島県安芸高田市吉田町吉田278-1 ☎0826-42-0070 交 廣島站搭乘廣電公車（往吉田方向）在「安藝高田市役所」下車，徒步約5分鐘 ¥全票300日圓，小學・國中生150日圓 L 9：00～17：00 休 星期一（如遇國定假日則開館）、國定假日後的平日、12/29～1/3 P有

⬆館內有拍照留念區，可以和元就的立牌和鎧甲（複製品）合影

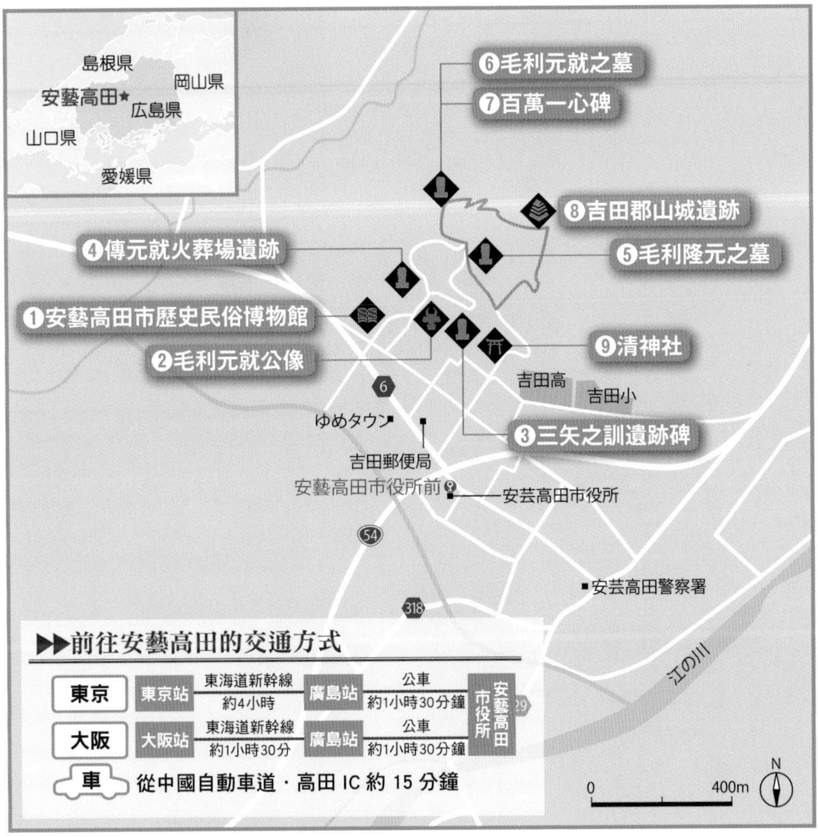

島根県
岡山県
安藝高田
広島県
山口県
愛媛県
❻毛利元就之墓
❼百萬一心碑
❽吉田郡山城遺跡
❹傳元就火葬場遺跡
❺毛利隆元之墓
❶安藝高田市歷史民俗博物館
❷毛利元就公像
❾清神社
吉田高
吉田小
6
ゆめタウン
吉田郵便局
❸三矢之訓遺跡碑
安藝高田市役所前
安芸高田市役所
54
安芸高田警察署
318
江の川
29
0
400m
N

▶▶前往安藝高田的交通方式

東京	東京站	東海道新幹線 約4小時	廣島站	公車 約1小時30分鐘	安藝高田市役所
大阪	大阪站	東海道新幹線 約1小時30分	廣島站	公車 約1小時30分鐘	安藝高田市役所

車　從中國自動車道・高田 IC 約 15 分鐘

模範行程

▶公車站「安藝高田市役所前」
⬇徒步 約5分
❶安藝高田市歷史民俗博物館
⬇徒步 約3分
❷毛利元就公像
⬇徒步 約1分
❸三矢之訓遺跡碑
⬇徒步 約1分
❹傳元就火葬場遺跡
⬇徒步 約10分
❺毛利隆元之墓
⬇徒步 約1分
❻毛利元就之墓
⬇徒步 約1分
❼百萬一心碑
⬇徒步 約40分
❽吉田郡山城遺跡
⬇徒步 約40分
❾清神社
⬇徒步 約5分
▶公車站「安藝高田市役所前」

毛利元就公像

❷毛利元就公像

元就度過晚年的御里宅邸遺跡

吉田郡山城山麓的安藝高田少年自然之家內的元就銅像。據說元就度過晚年的御里宅邸就位在此地。

址安芸高田市吉田町吉田406 交安藝高田市歷史民俗博物館徒步約3分鐘 P有

❸三矢之訓遺跡碑

元就的代名詞——「三矢之訓」的紀念碑

依據元就著名的「三矢之訓」故事打造的紀念碑。與毛利元就公像一樣，位在安藝高田少年自然之家內。

址安芸高田市吉田町吉田406 交安藝高田市歷史民俗博物館徒步約3分鐘 休白天隨時 P有

❺毛利隆元之墓

死因成謎的領主長眠之墓

毛利隆元是元就的嫡男，元就退休隱居後，隆元便繼承家督。然而在1563年（永祿6年）與元就一同進攻尼子途中突然死去，據說是遭人毒殺。

址安芸高田市吉田町吉田 交安藝高田市歷史民俗博物館徒步約10分鐘 休白天隨時 P無

❹傳元就火葬場遺跡

名將．元就埋葬之地

據說元就在1571年（元龜2年）於吉田郡山城內辭世後，便在此地火葬。從御里宅邸遺跡徒步即可抵達。

址安芸高田市吉田町吉田 交安藝高田市歷史民俗博物館徒步約4分鐘 休白天隨時 P無

何謂「三矢之訓」？

提到毛利元就，最有名的故事就是三枝箭。「一枝箭可以輕易折斷，但是三枝箭就不那麼容易斷了」——傳說元就曾對他的三個兒子這麼說，不過這個故事的出處是江戶時代的文獻，因此無法判定是否屬實。據說這個故事是根據「三子教訓狀」，裡面寫著「謹記三人當中要是少了任何一個人，三人都會滅亡」、「最重要的是必須信仰嚴島神社」等十四條訓誡，並祈禱毛利家的繁盛。

伴手禮專區

可以在當地買到的各種伴手禮

⬇仿三矢形狀的免洗筷。用於祈求力量團結的時候（350日圓）

必勝箸
三三矢の訓
必勝箸
三三矢の訓
必勝箸
三三矢の訓

⬆手作的元就君娃娃。很有手感溫度（1000日圓）

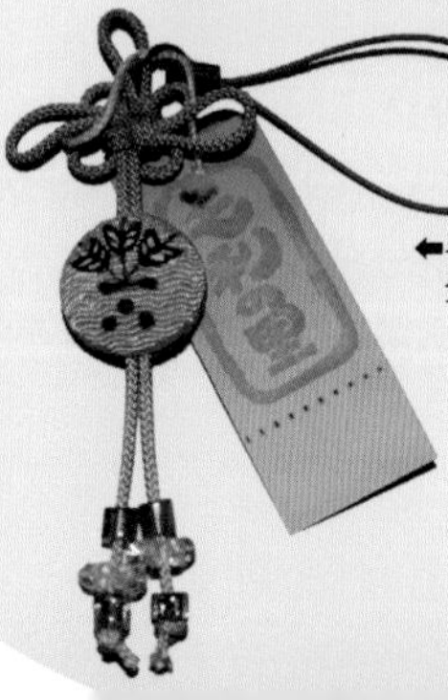

⬅手作的吊飾，顏色齊全（420日圓）

❻毛利元就之墓

稱霸中國地方的智將之墓

元就長眠的墓地。位在吉田郡山城西側山腰，毛利一族的墓地也在此處。元就之孫——輝元在此打造洞春寺，盡心地進行供養。每年7月16日會舉辦墓前祭。

址 安芸高田市吉田町吉田 交 安藝高田市歷史民俗博物館徒步約25 時
休 白天隨時 P 無（登山口有）

毛利元就の墓

巡禮重點！

從這裡開始要正式進入城內！不要忘了先在城下町將水壺裝滿，此外夏天會有蜜蜂與日本蝮蛇出沒，請做好萬全的準備再前來參觀我的名城吧！

❼百萬一心碑

取代活人獻祭而埋下的「協同一致」碑

位於元就墓地的百萬一心碑。據說元就在擴建吉田郡山城時，埋下了石碑來取代活人獻祭，而這座石碑便是根據此傳說所重現。百萬（万）一心亦可讀作「一日一力一心」，代表了「將日、力、心皆合而為一」的合作精神。

址 安芸高田市吉田町吉田 交 安藝高田市歷史民俗博物館徒步約25分鐘 時 休 白天隨時 P 無（登山口有）

❽吉田郡山城遺跡

擊退尼子氏大軍的毛利氏居城

位於吉田盆地北部的吉田郡山城，是一座東西1.1公里，南北0.9公里的巨大山城，大大小小的曲輪共有270道。1540年（天文9年）的吉田郡山城之戰中，雖然遭到尼子氏的入侵，但是元就在城下便擊退敵兵，使他在安藝地區的勢力更加茁壯。

址 安芸高田市吉田町吉田 交 安藝高田市歷史民俗博物館徒步至本丸約60 時 休 白天隨時 P 無（登山口有）

位在本丸北側的曲輪——姬之丸壇遺跡。傳說百萬一心碑就是埋在這道石牆下

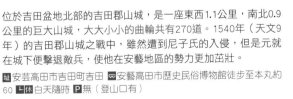

本丸遺跡。照片是地勢較高處，研判可能是櫓所在的位置

位於東側的郡山公園。據說元就曾在興禪寺舉辦能、狂言的表演，可在這裡欣賞四季美景

「能量聖地」清神社可以保佑百戰百勝！

廣島三箭舉行必勝祈禱儀式的情景
©2012 S.FC

將吉田郡山作為根據地的毛利氏，總是前來清神社祈禱許願。看看元就所獲得的數次勝利，便可佐證清神社有多麼靈驗。直到現在也有許多人受到元就的影響，前來祈求勝利。包括日本職業足球J聯盟．廣島三箭每年3月也都會舉行必勝祈禱儀式。

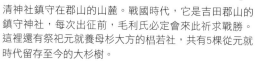

後方的建築就是祭祀元就養母的相若社

神木殿

倒下的大杉樹的紀念堂。據推測應為毛利時代所留下的

⑨清神社

毛利氏所崇敬的吉田郡山鎮守神

清神社鎮守在郡山的山麓。戰國時代，它是吉田郡山的鎮守神社，每次出征前，毛利氏必定會來此祈求戰勝。這裡還有祭祀元就養母杉大方的相若社，共有5棵從元就時代留存至今的大杉樹。

址 安芸高田市吉田町吉田477 交 安藝高田市歷史民俗博物館徒步約10分鐘 時休 自由參拜 P 有

奉献

深入探訪

多治比猿掛城遺跡

元就度過幼年時期的城

元就之父——弘元將家督之位交給兒子興元後，便搬來多治比猿掛城。幼名為松壽丸的元就，也跟著父親來到這裡，在這塊土地上成長，元服後改稱為多治比殿。城內有弘元的墓地。

址 安芸高田市吉田町多治比 交 開車從中國自動車道高田交流道後IC約10分鐘 時休 白天隨時 P 有

猿掛山山麓是一片清爽的平原。四周的山巒高度都差不多，群山綿延的美景只有盆地看得見

毛利弘元與其夫人之墓。元就的雙親長眠於此

吉川元春館遺跡

戰爭名人．吉川元春退休後的隱居館

1990年代，學者正式在元就的次男——吉川元春建造隱居館的地點展開調查。這裡除了挖掘出宅邸遺跡、庭園遺跡外，廁所的遺址也保存良好。相鄰的「戰國之庭　歷史館」展示著出土物及資料等。

址 広島県山県郡北広島町海応寺255-1 ☎ 0826-83-1785 交 開車從中國自動車道千代田IC約20分鐘 ¥ 全票300日圓，高中生100日圓，中學生以下免費 時 9：00～16：30（入場時間至16：00為止） 休 星期一（如遇國定假日則隔日公休）、12/28～1/4 P 有

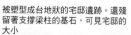

被塑型成台地狀的宅邸遺跡。還殘留著支撐梁柱的基石，可見宅邸的大小

入口的石切遺跡。石牆的保存完整，是元春館的必看景點之一

廣島縣

毛利家在輝元時代的根據地

廣島

元就之孫——輝元所打造的廣島
毛利一族的榮光至今仍在

毛利家因為元就的活躍而日益強盛，因此逐漸感受到吉田郡山城的狹小，於是元就意圖將根據地移至交通便利的太田川下游。在元就死去後的一五八九年（天正十七年），元就之孫——輝元便繼承他的遺志，開始打造廣島城。關原之戰後，一直到周防、長門兩國被減封為止，毛利一族都以廣島為根據地，促進當地的發展。

廣島市內有一些與毛利家有關的寺院、神社，現在仍能感受到毛利家的威嚴。各史跡之間的距離遙遠，可以視情況選擇搭乘路面電車、從廣島站往北延伸的廣島新交通１號線（ASTRAMLINE）或是公車，以最有效率的方式進行巡禮。

❶廣島城

毛利一族的一大工程

在有毛利兩川之稱的毛利、吉川、小早川3氏族的活躍表現下，毛利家稱霸了中國地方。而最足以顯示其威望的大工程，就是廣島城的建設。輝元自1589年（天正17年）開始展開調查，後來看上了位在太田川下游的「最寬廣的島」，於是輝元便與秀吉所派遣的黑田如水一同打造了廣島城。

址 広島県広島市中区基町21-1 ☎082-221-7512 交ASTRAMLINE縣廳前站徒步約12分鐘 ¥全票370日圓，高中生以下180日圓 ⏰9：00～18：00（入場時間至17：30為止）休12/29～1/2，臨時休館日 P無

mapA
可部線
可部街道
横川駅
mapA
下祇園駅
可部線
ASTRAMLINE
❹不動院
❺佐東銀山城遺跡
不動院前駅
183
祇園新道
❶廣島城
中央公園
ASTRAMLINE
二葉山緑地
広島駅
大内越通り
矢賀IC
あけぼの通り
原爆ドーム
広島県庁
山陽新幹線
芸備線
府中IC
広電本線
平和記念公園
本町駅
マツダスタジアム
❸多聞院
大洲通り
山陽本線
天満川
本川
元安川
中電前駅
天神川駅
❷普門寺
比治山下駅
広島市現代美術館
京橋川
大州IC
比治山公園
54
N
0
1km
広島大医学部
広島高速2号線
2
東雲IC
島根県
岡山県
廣島
廣島縣
山口県
愛媛県

▶▶前往廣島站的交通方式

出發	車站	路線	目的地
東京	東京站	東海道新幹線 約4小時	廣島站
大阪	新大阪站	東海道新幹線 約1小時30分鐘	廣島站

車 從山陽自動車道・廣島IC約30分鐘

模範行程

▶廣島站
⬇公車 約10分
公車站「縣廳前」
⬇徒步 約12分
❶廣島城
⬇廣島電鐵 約10分
❷普門寺
⬇廣島電鐵 約20分
❸多聞院
⬇廣島電鐵 約20分
本通站
⬇ASTRAMLINE 約10分
❹不動院
⬇ASTRAMLINE 約10分
大町站
⬇JR 約5分
下祇園站
⬇開車 約10分
❺佐東銀山城遺跡
⬇開車 約10分
下祇園站
⬇JR 約20分
▶廣島站

在輝元當作根據地的廣島，毛利之名到現在都備受尊崇，真是令人驕傲！

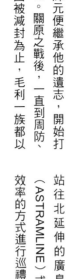

❺佐東銀山城遺跡

元就攻陷的安藝武田氏山城

位於現在武田山的佐東銀山城，過去長期都是安藝武田氏的根據地，但在1541年（天文10年）被元就攻陷。傳說元就為了讓當時死守城內的安藝武田軍心生恐懼，將1000雙草鞋點火之後投入太田川，使其往下游流去。

址 広島市安佐南区祇園周辺 交通 JR可部線下祇園站搭乘計程車約10分鐘 時間休 白天隨時 P有

❷普門寺

元就與輝元遇到顯靈的傳說

普門寺的歷史悠久，正殿本來位於吉田。傳說元就前來參拜後，便夢見菩薩賜給他一把軍配團扇。另外據說輝元也遇到顯靈而喜獲嫡男。

址 広島市中区大手町3-5-5 交通 廣島電鐵中電前站徒步約2分鐘 時間休 自由參拜 P有

❸多聞院

接受毛利氏皈依的毘沙門天

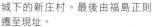

多聞院創於1180年（治承年間），後來得到元就的皈依，於是遷移至吉田郡山城下。在輝元建造廣島城的時候，又被遷移到城下的新庄村。最後由福島正則遷至現址。

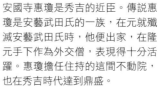

址 広島市比治山町7-10 交通 廣島電鐵比治山下站徒步約1分鐘 時間休 自由參拜 P有

深入探訪

廣島市森林公園

將山城重建後的瞭望臺是必訪景點

森林公園的必訪景點，是將元就時代的山城重現的瞭望臺。根據歷史考證建造而成，包括本丸、二之丸、三之丸、番小屋（譯註：守衛的崗哨）、櫓門、冠木門（譯註：以橫木架在門上、沒有屋頂的門）等部份，結構完整。往北可看見吉田，往西可眺望宮島，體驗城主的感覺。

址 広島市東区福田町字藤ヶ丸173 交通 廣島站搭乘公車（29號）在「登石」下車，徒步約60分鐘 ¥ 免費入園（使用設施須付費） 時間 9：00～16：30（入場時間至16：00為止） 休 星期三、12/29～1/3 P有

❹不動院

與外交僧‧安國寺惠瓊有淵源的寺社

安國寺惠瓊是秀吉的近臣。傳說惠瓊是安藝武田氏的一族，在元就殲滅安藝武田氏時，他便出家，在隆元手下作為外交僧，表現得十分活躍。惠瓊擔任住持的這間不動院，也在秀吉時代達到鼎盛。

址 広島市東区牛田新町3-4-9 交通 ASTRAMLINE不動院前站徒步約1分鐘 時間休 自由參拜 P有

更加深入探訪

毛利博物館

收藏了2萬件毛利家家傳文化財的博物館

山口縣防府市的毛利博物館，是直接以毛利公爵家的宅邸改建而成，展出許多毛利家代代相傳的文化財。「毛利家文書」、「三子教訓狀」也收藏在毛利博物館內，可以瞭解毛利一族的歷史。

址 山口県防府市多々良1-15-1 ☎ 0835-22-0001 交通 JR山陽本線防府站搭乘防長公車（往阿彌陀寺方向）在「毛利本邸入口」下車，徒步約6分鐘 ¥ 全票1000日圓，小學‧國中生500日圓（含庭園入園費，特展期間為全票1200日圓，小學‧國中生600日圓） 時間 9：00～17：30（4～9月），9：00～17：00（10～3月）（最後入場時間為閉館前30分鐘） 休 12/22～12/31 P有

走訪古戰場

嚴島之戰

有日本三大奇襲之一之稱的戰役
宮島的歷史與美景非常值得一看

幫助毛利元就統一中國地方的關鍵一役，就是一五五五年（弘治元年）發生在嚴島的「嚴島之戰」，在這場戰役中，元就打敗了由陶晴賢所率領的大內軍。當時元就不可避免地與在中國地方擁有龐大勢力的大內氏互相對立，而嚴島對元就而言又是安藝的聖地，因此這是元就賭上生命的重要戰役。

在決戰前，元就策劃了一個周到的計謀。首先是在瀨戶內的水運樞紐——嚴島築起宮尾城，再派從大內軍叛變的間諜在大內軍散播假消息：「嚴島是毛利的生命線。」最後再派家臣桂元澄當作內應，設局引誘晴賢出兵嚴島。在順利將八千名大內軍引誘至嚴島後，元就便切斷敵軍的後路，在破曉時分從兩面夾擊。

在村上水軍的支援下，毛利軍以僅僅三千名兵力贏得勝利。敗將陶晴賢在船被奪走後，自我了結。經過這一役，元就奪下了周防・長門兩國，打下日後稱霸中國地方的基礎。

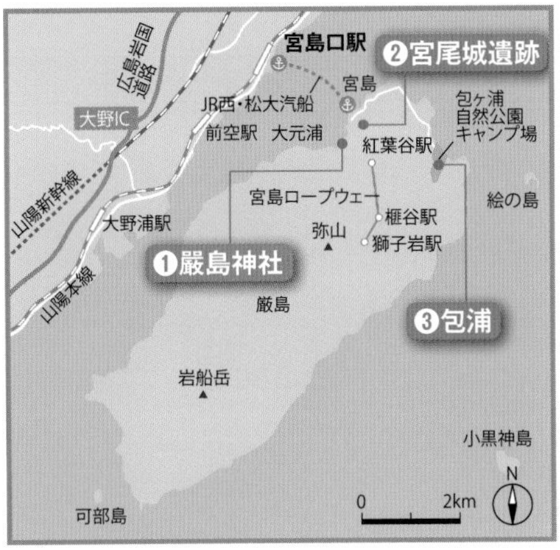

宮島口駅
❷宮尾城遺跡
広島岩国道路
大野IC
JR西・松大汽船
宮島
前空駅
大元浦
包ヶ浦自然公園キャンプ場
紅葉谷駅
山陽新幹線
宮島ロープウェー
榧谷駅
絵の島
大野浦駅
弥山
獅子岩駅
❶嚴島神社
山陽本線
厳島
❸包浦
岩船岳
小黒神島
可部島
0
2km
N

島根県
岡山県
広島県
山口県
宮島
愛媛県

地點

安藝國宮島（現在的廣島縣廿日市市）

戰爭年份

1555年（弘治元年）9/21～10/1

兵力

大內軍（8千）vs.毛利軍（3千）

主要參戰武將

大內軍…**主將** 陶晴賢
弘中隆包

毛利軍…**主將** 毛利元就
毛利隆元、吉川元春、小早川隆景

1 嚴島神社

元就的信仰——浮在海中的神社

嚴島神社的歷史悠久，傳說建立於593年（推古天皇元年）。信眾認為整座島都是聖域，同時更受到平家一族、毛利元就等人的崇敬。在嚴島之戰獲勝的元就，認為這是嚴島大明神的庇佑，因此大幅整修社殿。嚴島神社的風景會隨著潮汐起落而改變，記得事先確認潮汐時刻。

址 広島県廿日市市宮島町1-1 交 宮島渡輪站徒步約10分鐘 ¥ 全票300日圓，高中生200日圓，小學・國中生100日圓 L 6：30～18：00（冬季至17：00） P 無

3 包浦

元就、隆元、元春登陸之地

嚴島之戰時，毛利軍主力在村上水軍的援助下，在暴風雨中由此地登陸。元就下令所有的船隻都返回，準備背水一戰，對士兵帶來極大的鼓舞。

址 廿日市市宮島町包ヶ浦 交 宮島渡輪站搭乘計程車約15分鐘 L 休 白天隨時 P 無

2 宮尾城遺跡

將陶晴賢誘騙來的堅固城池

宮尾城在嚴島之戰中扮演著非常重要的角色。己斐豐後守直之守在城內，將大內軍引誘進城，接著毛利軍主力便趁隙登陸，展開奇襲，殲滅了大內軍。城內還保留著當時見證猛烈攻擊的堀切遺跡。

址 廿日市市宮島町 交 宮島渡輪站徒步約10分鐘 L 休 白天隨時 P 無

岡豐城遺跡

長宗我部元親

率領「一領具足」成為四國霸主的「土佐能人」

Chousokabe Motochika

長宗我部家的第21代當主。讓原本只是土佐小豪族的長宗我部家發展為四國的霸主，人稱「鬼若子」和「土佐能人」。

家紋＝七酢醬草

巡禮前先掌握 3大基礎知識

❶ 姬若子成為鬼若子的軌跡

長宗我部元親度過年輕時代，從「姬若子」成長為「鬼若子」的地方，就在現在的南國市一帶。

❷ 在元親手下活躍的「一領具足」

原只是小豪族的元親之所以能如此活躍，全是因為武裝農民「一領具足」的支持。在高知和南國可以參觀到與他們相關的史跡。

❸ 侵略阿波・讚岐・伊予

統一土佐後，元親就對阿波・讚岐・伊予發動侵略。四國各地都留著與元親相關的遺跡。

生卒年
1539年（天文8年）～1599年（慶長4年）

主要居城
岡豐城、浦戶城、白地城、大高坂城（高知城）

主要戰役
長濱之戰、四萬十川之戰、四國之戰

稱霸四國的「土佐能人」

自幼皮膚白皙、個性溫和的元親，被家臣取了個「姬若子」（譯註：「姬」意為「公主」，「若子」意為「少年」，此稱呼是在嘲笑他像女孩子一樣柔弱）的綽號。直到二十二歲才初次出征，但他在戰場上驍勇的模樣讓周遭對他刮目相看。其後，他便展現出勇猛的一面，勢如破竹地一一擊倒面前的敵人，獲得了「鬼若子」的稱號。

元親繼承了家督後，便以現在高知一帶作為根據地擴展勢力。他擅長掌握人心，組成名為「一領具足」的精銳武士團，與周圍的強豪戰鬥。最後他不但稱霸土佐，更趁勢進軍阿波，打倒三好氏，在一五八五年（天正十三年）便幾乎平定全四國。

然而，面對即將統一天下、進攻四國的豐臣秀吉，元親只好投降。元親這位「土佐能人」，從土佐小勢力壯大到讓長宗我部之名舉世皆知，現在就走訪他所留下的軌跡吧！

旅途良伴 書籍介紹

夏草之賦

司馬遼太郎

席捲四國的元親面前，竟出現了強敵……

司馬遼太郎的長篇小說。長宗我部元親以優異的才能統治群雄割據的四國，但一統天下的霸主・豐臣秀吉卻擋在他的面前。

司馬遼太郎
夏草の賦
上

文藝春秋／上・下集
各570日圓（含稅）

高知縣

「姬若子」初次上陣，安度晚年之地

高知

菩提寺——雪蹊寺、墓地——天甫寺山等 說元親的一生都在這裡度過也不為過

在高知，我們可以看見元親從初次上陣到晚年的足跡。元親在這裡第一次出征，逐漸成長為四國霸主。週邊有元親初征時布陣的若宮八幡宮、每次出征凱旋歸來後都會前去報告的土佐神社，以及菩提寺的雪蹊寺等，許多與他具有歷史淵源的寺社。

另外，元親在晚年將根據地從岡豐城遷移至大高坂城（現在的高知城）、浦戶城，現在則長眠於浦戶城遺跡旁的天甫寺的山腰。

❶若宮八幡宮

元親初征時布陣之地

元親在22歲才第一次參戰的長濱城攻防戰中布陣的地點。據説元親自從這次戰役中獲勝後，便一定會到若宮八幡宮來祈求戰爭勝利。別錯過了元親改建的出蜻蛉樣式社殿。

址 高知県高知市長浜6600 交 播磨屋橋站搭乘公車（往桂浜方向）在「南海中學校通」下車，徒步約5分鐘 休 自由參拜 P 有

鎌倉時代的史書《吾妻鏡》中也曾出現的若宮八幡宮

0
1km
N
高知県庁
播磨屋橋站
土佐電鉄後免線
土佐中街道
高知市総合運動球場
得月樓
土佐電鉄桟橋線
土佐道路
香川県
徳島県
愛媛県
高知
高知県
浦戸湾
鷲尾山
柏尾山
❼秦神社
❺長宗我部元親之墓
❻雪蹊寺
春野総合運動場
34
36
❸一領具足碑
高知競馬場
❽戸之本古戰場
長浜公園
14
海のレストラン
❶若宮八幡宮
❹浦戶城遺跡
❷長宗我部元親公初陣像
土佐湾

▶▶前往高知站的交通方式

出發地	車站	路線／時間	轉乘站	路線／時間	目的地
東京	東京站	東海道新幹線 約3小時	岡山站	JR土讚線 約2小時30分鐘	高知站
大阪	大阪站	東海道新幹線 約1小時	岡山站	JR土讚線 約2小時30分鐘	高知站

車 從高知自動車道・高知 IC 約 15 分鐘

模範行程

▶播磨屋橋站（はりまや橋）

⬇公車約30分→徒步約5分

❶若宮八幡宮

⬇徒步約1分

❷長宗我部元親公初陣像

⬇公車約30分

❸一領具足碑

⬇徒步約10分

❹浦戶城遺跡

⬇公車約5分

❺長宗我部元親之墓

⬇公車約20分

❻雪蹊寺

⬇徒步約10分

❼秦神社

⬇公車約5分→徒步約15分

❽戶之本古戰場

⬇公車約20分

▶播磨屋橋站

❷長宗我部元親公初陣像

震撼！包括基台高達7m的巨大銅像

為了紀念元親死後400年而建立，聳立於若宮八幡宮門口的巨大銅像。元親所持的長槍約長6m，充滿了魄力。往前方伸出的左手，表現出他想一手掌握四國的野心。

址高知市長浜6600 ▣播磨屋橋站搭乘公車（往桂浜方向）在「南海中學校通」下車，徒步約5分鐘 P有

高知市史跡
浦戸城
天守跡・石垣

❹浦戸城遺跡

面海的元親新城

元親離開大高坂城後，便把桂濱這座面對土佐灣的城池當作居城。據說這座城有3層天守。現存的遺跡只有一部分的石牆和山脊西方二之丸附近的3條堀切而已，但仍能藉此想像當時的情景。

址高知市浦戸城山830-25 ▣播磨屋橋站搭乘公車（往桂浜方向）在「龍馬紀念館前」下車，徒步約1分鐘 ┗休白天隨時 P無

❸一領具足碑

供養與元親並肩作戰的戰士們

一領具足供養の碑

所謂的一領具足，就是元親為了增強兵力而動員的半農半兵軍團。名字的由來是他們只擁有一領（譯註：即一套）具足。關原之戰後，土佐被奪走，於是他們便群起反亂。這座石碑就是為了供養當時戰死的人們而建立的，旁邊還祭祀著六尊地藏。

址高知市浦戸 ▣播磨屋橋站搭乘公車（往桂浜方向）在「地藏前」下車，徒步約3分鐘 ┗休白天隨時 P無

小憩片刻

◆得月樓

開業於1872年（明治3年）。除了土佐傳統的皿鉢料理之外，還可以在數寄屋式建築中，品嚐從初代老闆就開始提供的會席料理。

址高知市南はりまや町1-17-3 ☎088-882-0101 ▣播磨屋橋站徒步約5分鐘 ┗11：00～14：00，17：00～22：00 休不定 P有

❺長宗我部元親之墓

靜靜長眠於天甫寺山的山腰

1599年（慶長4年）元親在上京後不久便病倒，同年5月便在伏見的宅邸中辭世，享年61歲。後人將他火化後，便遵照他的遺言，將他埋葬於此。這裡位於天甫寺山的山腰，可以一覽元親曾經統治的高知。

址高知市長浜甫寺山 ▣播磨屋橋站搭乘公車（往桂浜方向）在「元親公史跡前」下車，徒步約3分鐘 ┗休白天隨時 P有

❽戶之本古戰場

元親初上戰場的舞台，讓人印象鮮明

從小被揶揄為「姬若子」的元親首度參戰的戰役，就是戶之本之戰。元親在這場戰役中展現出驍勇善戰的一面，顛覆了周遭人們對他的評價。請務必來到這裡，一探四國霸主元親的起點。

址高知市長浜2840 巴播磨屋橋站搭乘公車（往宇佐方向）在「原神社前」下車，徒步約10分鐘 ┗休白天隨時 P無

戶之本古戰場上立著埋葬戰死者的墳塚

深入探訪

高知城（大高坂城）

被指定為重要文化財的名城

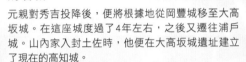

元親對秀吉投降後，便將根據地從岡豐城移至大高坂城。在這座城度過了4年左右，之後又遷往浦戶城。山內家入封土佐時，他便在大高坂城遺址建立了現在的高知城。

址高知市丸の内1-2-1 ☎088-824-5701 巴伊野線高知城前站徒步約1分鐘 ¥全票420日圓，18歲以下免費 ┗9：00～17：00 休歲末年初 P有

❻雪蹊寺

元親之子・盛親為父親打造的菩提寺

傳說弘法大師創立，擁有1200年以上歷史的寺院。過去曾一時衰退，但在元親的力保之下振興，元親死後，其子盛親將此地定為菩提寺，根據元親的法號「雪蹊恕三」將寺院名稱改為高福山雪蹊寺。元親的長男・信親之墓也在這裡。寺院內的主神・藥師三尊像被指定為重要文化財。

址高知市長浜857-3 巴播磨屋橋站搭乘公車（往長浜方向）在「長浜出張所」下車，徒步約5分鐘 ┗休自由參拜 P有

❼秦神社

冠上長宗我部氏祖先之名的神社

秦是長宗我部氏祖先的姓氏，也是秦神社名稱的由來。廢佛毀釋（譯註：為明治政府打壓佛教的運動）的時候，長宗我部氏為了將寶物從長宗我部家的菩提寺・雪蹊寺移出，便建立這間神社。據說寶物當中還包括唯一僅存的元親肖像。推薦戰國迷一定要造訪「戶次川合戰戰死者靈板」。

址高知市長浜857-1 巴播磨屋橋站搭乘公車（往長浜方向）在「長浜出張所」下車，徒步約3分鐘 ┗休自由參拜 P有

再一步 探尋坂本龍馬

來到了高知，當然不能忽略坂本龍馬。在與元親相關的史跡附近，也有很多與龍馬相關的史跡，推薦各位也順道造訪。

■坂本龍馬像

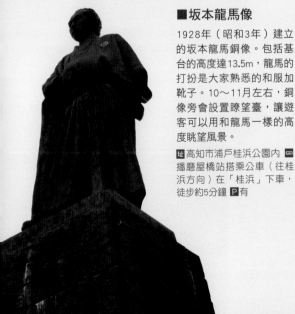

1928年（昭和3年）建立的坂本龍馬銅像。包括基台的高度達13.5m，龍馬的打扮是大家熟悉的和服加靴子。10～11月左右，銅像旁會設置瞭望臺，讓遊客可以用和龍馬一樣的高度眺望風景。

址高知市浦戶桂浜公園內 巴播磨屋橋站搭乘公車（往桂浜方向）在「桂浜」下車，徒步約5分鐘 P有

■高知縣立坂本龍馬紀念館

除了展示和有關坂本龍馬的物品之外，還有史料等許多與龍馬相關的資料。在這裡，可以徹底瞭解龍馬的人品和功績。

址高知市浦戶城山830 ☎088-841-0001 巴播磨屋橋站搭乘公車（往桂浜方向）在「龍馬紀念館前」下車，徒步約2分鐘 ¥全票500日圓，高中生以下免費 ┗9：00～17：00 休全年無休 P有

■坂本龍馬出生地

這裡過去是土佐藩鄉士・坂本八平的次男——坂本龍馬出生的家。每年龍馬的祭日，也就是11月15日，這裡都會舉辦龍馬誕生祭。

址高知市上町1 巴土佐電鐵上町1丁目站徒步約1分鐘 ┗休白天隨時 P無

高知縣

「土佐能人」的故鄉 南國

包括主要根據地・岡豐城在內，處處可以感受元親起點的南國

南國市一帶，是元親將根據地遷至大高坂城之前，度過了約五十年的故鄉，也是元親累積實力之地，讓他席捲四國，成為人稱的「土佐能人」。南國除了元親的出生地・岡豐城之外，還有展出元親用品的縣立歷史民俗資料館，以及元親皈依的國分寺等與元親相關的史跡。

巡禮重點！

岡豐城內還留著石牆和建築物的基台等，可以感受到當時的氛圍唷！

高知自動車道
道の駅南国・
カフェレスト風良里
384
45
❶高知縣立歷史民俗資料館
岡豊別宮八幡宮
32
384
❷岡豐城遺跡
国分川
❸土佐國分寺
252
0
400m
N

模範行程

- ▶高知站
- ⬇公車 約30分
- ❶高知縣立歷史民俗資料館
- ⬇徒步 約1分
- ❷岡豐城遺跡
- ⬇公車 約15分
- ❸土佐國分寺
- ⬇公車 約30分
- ▶高知站

❶高知縣立歷史民俗資料館

收藏許多與元親相關的展示品

資料館位於岡豐城遺跡所在的岡豐山山腰。這裡展出了土佐從古代到近代的展示品與史料。2樓的「長宗我部展示室」裡有著關於長宗我部氏的詳細介紹，請務必前往參觀。

址高知県南国市岡豊町八幡1099-1 ☎088-862-2211 交高知站搭乘公車（往歷史民俗資料館方向）在「歷史民俗資料館」下車，徒步約1分鐘 ¥常設展／全票460日圓，企劃展／全票510日圓 營9：00～17：00（入館時間至16：30為止） 休12/27～1/1 P有

館內展出這些史料！

館內重現中富川之戰的元親大本營，讓人感受戰國時代的氛圍

❷岡豐城遺跡

平定四國的據點、元親的根據地

長宗我部氏歷代的居城，也是元親的出生地。這座中世的平山城（譯註：指築於平野中的山或丘陵上的城），是土佐第一次使用基石和瓦所建造的城。元親在統一土佐後，直到平定四國，都一直以此作為居城。雖沒有建築物的遺跡，但仍可看見中世城郭的影子。推薦各位站在本丸遺跡眺望南國的街道，體驗元親的感受。

址南国市岡豊町八幡 交高知站搭乘公車（往歷史民俗資料館方向）在「歷史民俗資料館」下車，徒步約1分鐘 營休白天隨時 P有

位於三段的石牆遺跡

位於四段的虎口遺跡

❸土佐國分寺

與紀貫之有淵源的國分寺

長宗我部家代代皈依的寺院。這是聖武天皇下令建造的國分寺之一，也是四國八十八靈場（譯註：傳說弘法大師空海在四國修行時，選了八十八間寺院等地點開創靈場）之一。另外，因《土佐日記》而聞名的紀貫之也曾住在此地。現在的伽藍是元親重建的，請務必前往一探。

址南国市国分546 交土讚線後免站搭乘公車（往領石方向）在「國分寺通」下車，徒步約5分鐘 營休自由參拜 P無

由國親、元親父子重建的土佐國分寺的金堂

四國平定戰的激戰之地

德島縣

德島

尋訪元親與三好氏爭奪霸權的德島戰跡

元親統一土佐後，首先進攻的就是位在東方的阿波，與當時擁有較大勢力的十河氏、三好氏展開激戰。直到現在，德島縣內都還保留許多中富川古戰場等戰爭遺跡與相關史跡。以平定四國為目標的元親，為了伸展霸權而進攻德島，就請跟隨他的腳步進行巡禮吧！

巡禮重點！
這裡發生了許多運用謀略的戰役，巡禮時著眼於當時的戰略，也很有趣唷！

❷勝瑞館遺跡（見性寺）
勝瑞駅
藍住IC
吉成駅
徳島自動車道
吉野川
徳島IC
四国大学
❶中富川古戰場
徳島線
石井駅
府中駅
蔵本駅
徳島駅
徳島県庁
眉山
二軒屋駅
文化の森駅
日峰大神子公園
地蔵橋駅
芝山
中田駅
小松島港
❸丈六寺
南小松島駅
N
0
4km

❶中富川古戰場

確實稱霸阿波的決戰之地

現在名叫吉野川的這條河川，以前叫做中富川，是元親軍和十河軍爭奪阿波霸權的決戰地。這場戰役的結果是元親佔領了阿波，使三好氏走上滅亡之路。

址 徳島県板野郡藍住町東中富 交 高德線板野站徒步約25分鐘 時休 白天隨時 P 無

❷勝瑞館遺跡（見性寺）

三好氏風光一時的遺跡

為室町時代後期三好氏的主要據點，他們在畿內（譯註：京畿區域內的五國，包括山城國、大和國、 河內國、和泉國、攝津國）握有勢力。1582年（天正9年），企圖統一四國的元親率領2萬左右的兵力進攻，將城攻陷。現在改建為三好氏的菩提寺．見性寺。

址 板野郡藍住町勝瑞 交 高德線勝瑞站徒步約10分鐘 時休 自由參拜 P 有

寺院境內遺留著三好一族墓地的見性寺

模範行程

- ▶德島站
- ⬇電車約40分→徒步約25分
- ❶中富川古戰場
- ⬇徒步約25分→電車約30分
- ❷勝瑞館遺跡（見性寺）
- ⬇電車約15分→公車約20分
- ❸丈六寺
- ⬇公車約20分
- ▶德島站

❸丈六寺

留有遭元親殺害之武將的血痕

名刹丈六寺擁有許多重要文化財，包括據稱是德島縣內最古老建築物的山門以及正殿等。傳說元親在侵略阿波的時候，在酒宴上謀殺了這塊土地的領主．新開忠之，當時留下的血手印現在還留在「血天井」上，不容錯過。

址 徳島市丈六町丈領32 交 德島站搭乘公車（往五瀧方向）在「丈六北」下車，徒步約5分鐘 ¥ 全票500日圓 大學．高中．國中生400日圓，小學生300日圓 時 9：00～16：00 P 有

「血天井」上留著新開忠之的血手印

深入探訪

雲邊寺

吐露雄心壯志之地

四國八十八靈場中海拔最高的雲邊寺，傳說是空海一夜之間建成的古刹。據說元親平定土佐後，登上可以一覽讚岐平原的雲邊寺時，在此說出了他想要稱霸四國的志向。

址 三好市池田町白地ノロウチ763 交 開車從大野原IC約20分鐘，纜車下車後徒步約1分鐘 時休 自由參拜 ¥ 纜車／3～11月7：20～17：00，12～2月8：00～17：00（票價（單程）／全票1200日圓，國．高中生900日圓，小學生600日圓） P 有

加藤清正

築起史上最強的熊本城
在當地親密地稱呼他為「清正公先生」

Katou Kiyomasa

豐臣秀吉的遠親，9歲便成為秀吉的小姓，是一名眾所皆知的猛將。是賤岳七槍之一，在文祿．慶長之役也有活躍的表現。也是著名的築城名人。

家紋＝蛇眼

熊本城的天守

巡禮前先掌握 3大基礎知識

❶ 建造史上最強的熊本城

清正利用他向秀吉學習的築城技術與實戰經驗，打造了被譽為日本第一堅固的熊本城。數十公尺的高石牆是必訪的景點。

❷ 熊本城是藏匿秀賴的城!?

據說熊本城是為了迎接秀吉之子．秀賴的城。傳說本丸御殿內的「昭君之間」，其實是「將軍之間」的諧音。

❸ 擁有超高人氣的「清正公先生」

清正進行了治水、農地開發等工作，打下熊本繁盛的基礎。至今仍受當地人愛戴並暱稱他為「清正公先生」。

生卒年
1562年（永祿5年）～1611年（慶長16年）

主要居城
熊本城

主要戰役
賤岳之戰、小田原征伐、文祿．慶長之役

對豐臣家盡忠盡義的武將

據傳是豐臣秀吉遠親的清正，自幼便開始侍奉秀吉。在秀吉統一天下的關鍵一役——與柴田勝家的賤岳之戰中，清正的英勇表現被譽為「賤岳七槍」。之後在小牧．長久手之戰、進攻四國、進攻九州、文祿．慶長之役等眾多戰役中戰功彪炳。

關原之戰後，清正成為肥後一國五十四萬石的大大名，自此開始正式建造熊本城，同時開發城下町。熊本城最大的特徵，就是具有極高的防禦性，這歸功於清正在建造時運用了自身的實戰經驗。熊本城建城約二七〇年後，在西南戰爭中，敵方的薩摩軍沒有一兵一卒能進入城內，就是熊本城固若金湯的最佳證明。清正深愛著熊本，同時也受到領民的愛戴。以熊本城為中心，探訪各個遺跡吧！

旅途良伴

書籍介紹

加藤清正

海音寺潮五郎

擔憂豐臣家
清正的煩惱

少數以清正為主角的小說。在文祿·慶長之役中，清正與石田三成、小西行長等人展開激戰。秀吉死後，又煩惱著是否應該投靠家康。清正在做決定時永遠以豐臣家的安泰作為判斷基準，書中描繪了清正對不明朗的態勢而感到憂慮的模樣。

海音寺潮五郎
加藤清正
上

文春文庫／上．下集
各610日圓（含稅）

清正投注心血開發之地

熊本縣

熊本

熊本城周邊聚集許多名勝

熊本在奈良．平安時代就已經是肥後國的中心地帶。戰國時代，大友氏麾下的鹿子木氏在茶臼山西南麓建造了隈本城。秀吉平定九州後，起初由佐佐成政赴任，但因為遭到國人領主群起反抗（國眾起義），於是將肥後一分為二，改由清正與小西行長統治。關原之戰後，小西行長遭到改易，家康將肥後一國賜給清正，隈本就此改稱熊本。清正大幅改建熊本城，發展城下町。之後熊本藩在第2代．忠廣的時候易主，由細川氏繼承。

熊本以聳立於茶臼山的熊本城為中心發展，市區位在城的西南側。建議以熊本城附近的市電．花畑町站與名為交通中心（交通センター）的公車轉運站作為據點。此外，從熊本站出發的熊本城周遊巴士（SHIROMEGURIN），對於前往主要觀光地，非常方便（一日乘車券三〇〇日圓）。若開車前往，可以利用熊本城二之丸停車場。

❶加藤清正銅像

在熊本城的入口看守市區

熊本城的入口之一——頰當御門後的行幸橋上，有一座清正身穿盔甲、頭戴長烏帽的銅像。銅像背對著熊本城，看起來就像是一直在守護著熊本這個城市一樣。傳說清正曾經擊退老虎，因此銅像鎮坐在虎皮上。

址 熊本県熊本市中央区花畑町　電 市電花畑町站徒步約1分鐘　P 無

模範行程

▶熊本站
⬇電車約12分
花畑町站
⬇徒步約1分
❶加藤清正銅像
⬇徒步約3分
❷熊本城
⬇徒步約5分
❸櫻花馬場 城彩苑 湧湧座
⬇徒步約5分
❹長塀通
⬇徒步約5分
❺高橋公園
⬇徒步約8分
❻熊本城本丸北側
⬇徒步約5分
❼加藤神社
⬇徒步約5分
❽熊本縣立美術館
⬇徒步約5分
❾舊細川刑部宅邸
⬇徒步約25分或
電車約2分→徒步約10分
❿本妙寺
⬇電車約25分
▶熊本站

清正公立像
上熊本駅
❻熊本城本丸北側
❿本妙寺
本妙寺入口駅
❾舊細川刑部宅邸
杉塘駅
島田美術館
❼加藤神社
藤崎台球場
❽熊本縣立美術館
❷熊本城
蔚山町駅
青柳
第一高
熊本横手郵便局
鹿児島本線
洗馬橋駅
花畑町駅
辛島駅
安国寺
熊本交通中心
呉服町駅
河原町駅
祇園橋駅
熊本駅
❺高橋公園
藤崎宮前駅
通町筋駅
薩摩街道・鹿児島街道
白川
熊本城市役所前駅
九品交差点駅
❹長塀通
❶加藤清正銅像
熊本大医学部
❸櫻花馬場 城彩苑 湧湧座
佐賀県
福岡県
大分県
長崎県
★熊本
熊本県
宮崎県
鹿児島県
0
500m
N

▶▶前往熊本站的交通方式

東京	羽田機場	飛機 約1小時40分鐘	熊本機場	高速巴士 約50分鐘	熊本站
大阪	伊丹機場	飛機 約1小時5分鐘	熊本機場	高速巴士 約50分鐘	熊本站
車	從九州自動車道．熊本 IC 約 20 分鐘				

巡禮重點！

參觀熊本城，至少要預留2小時。抱著攻城的心情仰望高石牆，便可理解這座城有多麼固若金湯。

宇土櫓可謂熊本城的「門面」，是現存珍貴的五重櫓。櫓下高達20m的高石牆也是必訪景點

遙見高石牆後方的天守

在「二樣石牆」可欣賞加藤時代（右）與細川時代2個時代的石牆

重建後的本丸御殿

❷熊本城

築城名人・清正集大成之城

加藤清正花了7年歲月打造的城。最值得一看的是那複雜又堅固的構造，以及有著獨特角度的清正流石牆。包括宇土櫓（重要文化財）在內，現存14座櫓與城門。大天守與小天守在西南戰爭中燒毀，於1960年（昭和35年）重建。

址熊本市中央区本丸1-1 電市電花畑町站徒步約5分鐘／從熊本站搭乘熊本城周遊巴士（SHIROMEGURIN）在「熊本城・二之丸駐車場」下車，徒步約5分鐘 ¥全票500日圓，小學・國中生200日圓 L3～11月／8：30～18：00（入場時間至17：30為止），12～2月／8：30～17：00（入場時間至16：30為止）※天守最後入場時間為閉館前30分鐘 休12/29～31 P有

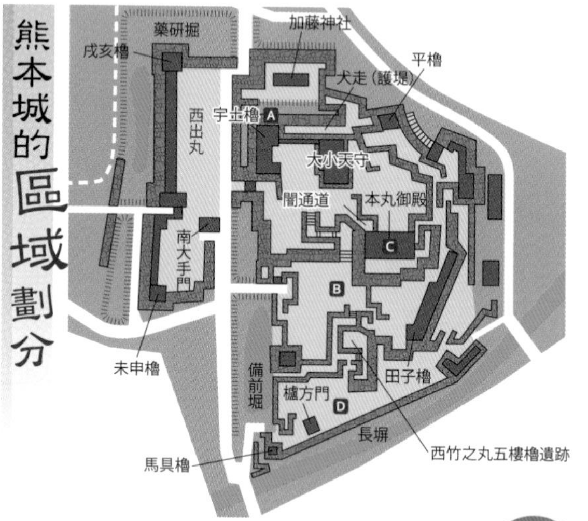
熊本城的區域劃分
藥研掘
加藤神社
戌亥櫓
平櫓
犬走（護堤）
西出丸
宇土櫓
A
大小天守
闇通道
本丸御殿
C
南大手門
B
未申櫓
備前堀
櫨方門
D
田子櫓
長塀
馬具櫓
西竹之丸五樓櫓遺跡

小憩片刻

◆鄉土料理 青柳

在本丸御殿的大御台所（譯註：廚房），可以品嚐到江戶時代熊本藩主吃的「御膳」。1天只有50份，採預約制。

須預約：至少須於3天前預約，只接受2人以上訂位 ☎096-325-0092 L10：00～17：00 ¥御膳：3000日圓（1份）

❹長塀通

文化財長塀令人讚嘆！

從加藤清正銅像沿著坪井川鋪設的步道。可以一邊悠閒地散步，一邊欣賞全長242m的重要文化財——長塀。

址熊本市中央区手取本町 電市電花畑町站徒步約1分鐘 L休白天隨時 P無

桜の馬場　城彩苑　湧々座

❸櫻花馬場 城彩苑 湧湧座

透過影像和展覽品快樂地瞭解熊本城

介紹熊本城和熊本歷史的體驗型文化設施。可在此體驗充滿魄力的虛擬影像。設有餐廳及伴手禮專賣店。

址熊本市中央区二の丸1-1-1 電市電花畑町站徒步約5分鐘／從熊本站搭乘熊本城周遊巴士（SHIROMEGURIN）在「櫻花馬場 城彩苑」下車，徒步約2分鐘 ¥全票300日圓，小學・國中生100日圓 ※有團體折扣 L3～11月／8：30～18：30（入場時間至18：00為止），12～2月／8：30～17：30（入場時間至17：00為止）※熊本城夜間開園期間，營業時間延長至19：30 休12/29～31 P有

❺高橋公園

死守熊本城的谷干城銅像

從熊本城的須戶口門出城後，即可看見在西南戰爭中死守熊本城的谷干城銅像。除此之外，還有橫井小楠等幕末五賢人的銅像，以及二次大戰前的第六師團廳舍正門等不容錯過的參觀景點。

址熊本市中央区千葉城町 電市電熊本城・市役所前站徒步約5分鐘 L休白天隨時 P無

⑨舊細川刑部宅邸

國內珍貴的上級武家宅邸

細川家第3代藩主．忠利的弟弟——刑部少輔興孝所興建的細川刑部家宅邸遺跡。1990年（平成4年）開始，花了4年的時間，由子飼遷移至熊本城的三之丸內。這是一座絲毫不愧2萬5千石地位的大規模武家宅邸，包括唐破風式（譯註：日式建築設置在入口處上方的一種弧狀屋頂）的玄關、表書院、長屋門、獨立的茶室、寶物庫、水井等等，所有建築幾乎完全保存下來。

址 熊本市中央区古京町3-1 市電花畑町站徒步約20分鐘 ¥ 全票300日圓，小學．國中生100日圓 3～11月／8：30～17：30，12～2月／8：30～16：30 休 12/29～31 P 無

⑩本妙寺

開創約400年的清正菩提寺

進駐肥後國後，清正便將原本建在大阪、作為父親菩提寺的寺院遷移到熊本城內。清正辭世後，又遷移至現在的中尾山山腰。山頂豎立著加藤清正的銅像。寺院內還有收藏、展示約1400件清正遺物等珍貴文化財的寶物館。前往時建議搭乘計程車或是從交通中心搭公車較方便。

址 熊本市花園4-13-1 市電本妙寺入口站徒步約10分鐘 ¥ 寶物館／全票300日圓，大學．高中生200日圓，小學．國中生100日圓 正殿／6：00～17：00，寶物館／9：00～16：30（僅星期六．星期日．國定假日開館） 休 寶物館／12/28～12/31 P 有

清正公御廟（上）與守護著熊本市區的清正公立像（左）

⑥熊本城本丸北側

必看！高達20m的高石牆

有許多人難得來到熊本城，卻錯過了這裡——熊本城本丸北側的高石牆。上方設有櫓門、高達20m的一整片石牆，氣勢相當驚人，是個必訪景點。石牆位於從高橋公園前往加藤神社的途中。

址 熊本市中央区古京町 市電熊本城．市役所前站徒步約10分鐘 休 白天隨時 P 無

順著熊本城本丸北邊的樞紐——棒庵坂往加藤神社的方向走

高度近20m的北十八間櫓下石牆

⑦加藤神社

將清正公奉為神明祭祀

神社境內有從肥前名護屋城遷移過來的清正旗立石，以及建造熊本城時，和大天守前的銀杏同時種下的樹，據說這些樹木都是由清正親手種下的。這裡每年7月的第4個星期日會舉辦清正公祭。

址 熊本市中央区本丸2-1 市電花畑町站徒步約10分鐘 休 自由參拜 P 有

⑧熊本縣立美術館

細川收藏常設展間（細川コレクション常設展示室）

可以接觸到細川時代的寶物

美術館設有收集了細川時代的史料及美術工藝品的「細川收藏常設展間」，可以在此瞭解與清正有著深厚關係的細川家歷史。另外，本館也會不定期舉辦與加藤清正相關的企劃特展。

址 熊本市中央区二の丸2 市電花畑町站徒步約15分鐘／從熊本站搭乘熊本城周遊巴士（SHIROMEGURIN）在「熊本城．二之丸駐車場」下車，徒步約3分鐘 9：30～17：15（入館時間至16：45為止） 休 星期一（如遇國定假日則隔日公休）、歲末年初 P 無

其他戰國武將的居城

支持名將們自戰國亂世中勝出的居城，不但是軍事設施，也是辦公和武將們生活起居的空間，居城可說是和武將關係最密切的地方。一同走訪保存在全國各地的名將居城遺跡，認識戰國的歷史吧！

德川家康與江戶城

平定天下的江戶將軍之城

一五九〇年（天正十八年），家康奉秀吉之命從東海的駿府城遷移至關東，從此以太田道灌所築的江戶城為居城。

秀吉死後，統一天下的家康大幅修築了江戶城，讓它搖身一變，成為天下第一城。當時城內聳立著巨大的天守，儼然是天下共主的象徵。

到了第二代．秀忠、第三代．家光的時代，江戶城依然持續改建。這座德川將軍家的居城，也逐漸發展成日本的中心。

從伏見城遷移過來的伏見櫓

隨處可見巨大的門，值得一探！

探訪城下町

因為家康而成為日本中心的江戶

東京有許多與家康充滿歷史淵源的景點。包括家康極力保護的德川家菩提寺——增上寺、藤堂高虎與天海祭祀家康的上野東照宮等寺院，以及當時為了確保飲用水而作為水源的井之頭池，還有用來引水的神田上水遺跡等等。走在江戶的街道上，彷彿便能一窺執政者家康當時的表情。

深入學習！

江戶東京博物館

展出與江戶文化、風俗有關的展示品，館藏豐富。除了江戶時代的浮世繪、和服、古地圖之外，還可參觀江戶街道的大型模型，體驗在家康一手打造的江戶城鎮中的生活。

址東京都墨田区横網1-4-1 ☎03-3626-9974 交從兩國站徒步約1分鐘 ¥全票600日圓，大學生480日圓，國．高中生300日圓 ※東京都內的國中生免費 L9：30～17：30，星期六為9：30～19：30（最後入館時間為閉館前30分鐘） 休星期一（如遇國定假日則隔日公休） P有

築城年份
1457年（長祿元年）
所在地
東京都千代田 千代田
主要遺跡
天守台、三重櫓、城門等
交通資訊
從東京站徒步約10分鐘
停車場
有

朝倉義景與朝倉館

請欣賞不輸給京都的庭園美景！

在戰國亂世繁華一時的北京都

朝倉館是朝倉氏建於一乘谷的根據地。應仁之亂時，有許多從混亂的京都逃出的貴族和文人都來到這裡，同時也帶來了京都文化。之後，人們便將一乘谷稱為「北京都（北の京）」，繁華一時。在這段時期出生長大的朝倉義景，因為醉心於文藝，疏忽練武，因此敗給織田信長，最後與一乘谷一同走向滅亡之路。

築城年份
1471年（文明3年）？

所在地
福井県福井市
城戸ノ内町

主要遺跡
朝倉館遺跡、庭園等

交通資訊
從越美北線一乘谷站
徒步約30分鐘

停車場
有

深入學習！

一乘谷朝倉氏遺跡資料館

館內展出朝倉氏的歷史以及考古出土的歷史文物。這裡也有地形模型、重現朝倉館的模型等，若先來這裡學習一些基礎知識，在參觀遺跡時一定會更有樂趣。

址福井県福井市安波賀町4-10 ☎0776-41-2301 交越美北線一乘谷站徒步約3分鐘 ¥全票100日圓，高中生以下免費 時9：00～17：00（入館時間至16：30為止）休不定、歲末年終 P有

探訪城下町

一乘谷朝倉氏遺跡

一乘谷朝倉氏遺跡是縣內首屈一指的觀光景點。以考古成果為基礎的完備規劃，讓人體驗宛如穿越時光般的感覺。其中又以庭園和武家宅邸重現得最完整。

前田利家與金澤城

最引以為傲的就是石川門等重要文化財！

「槍之又左」的大城郭

前田利家是織田信長麾下的武將，在戰場上驍勇無比。後來又協助羽柴秀吉，最後爬上加賀一〇〇萬石的大名的位置。

成為北陸霸主後，利家便開始大幅修建金澤城。眾所皆知，利家是一名「傾奇者（譯註：日本戰國、江戶時代指外表光鮮、特立獨行的人）」，他所打造的金澤城使用了金箔瓦片，同時聳立著五層天守。金澤城奢華豪氣的風貌存留至今，像是堆疊得華美整齊的石牆，也很值得一看。

築城年份
1580年（天正8年）

所在地
石川県金沢市丸の内

主要遺跡
石牆、櫓門、倉庫等

交通資訊
從金澤站搭乘公車（往兼六園）在「兼六園下」下車，徒步大約5分鐘

停車場
有

深入學習！

石川縣立歷史博物館

可以看到利家、利長、利常3代的肖像畫，以及與前田家有淵源的物品。不只是戰國時代，也能認識江戶時代前田家的歷史。與利家相關的所藏中，有信長賞賜利家的朱印狀以及家臣具足等，也請別錯過了。

址石川県金沢市出羽町3-1 ☎076076-262-3236 交金澤站搭乘公車（往東部車庫方向）約20分鐘，在「出羽町」下車，徒步約5分鐘 ¥全票300日圓，大學生240日圓，高中生以下免費 時9：00～17：00（入館時間至16：30為止）休歲末年初 P有

城下町探訪

長町武家宅邸遺跡

包括利家的重臣——野村信貞的宅邸，以及加賀藩士的武家宅邸。路旁的土牆不斷向前延伸，讓人有種穿越時空的錯覺，可以感受到當時的氣氛。

址石川県金沢市長町 交金澤站搭乘公車（往香林坊方向），在「香林坊」下車，徒步約7分鐘 時休白天隨時 P有

柴田勝家與北庄城

憑藉著僅存的遺跡遙想當年吧！

付之一炬的武將之城

織田家的筆頭家老．柴田勝家，武勇的他被稱為「鬼柴田」，是個人人敬畏的猛將。但是信長死後，勝家在決戰中被敵對的豐臣秀吉打敗，在大火熊熊燃燒的北庄城中，與拒絕逃出的妻子阿市一起自盡。

北庄城是勝家在信長賞賜的越前所修築的城，但很遺憾，現在能看到的只剩天守模型和為數不多的石牆。

築城年份
1575年（天正3年）
所在地
福井県福井市中央
主要遺跡
天守台、石牆、護城河、井等
交通資訊
從福井站徒步約5分鐘
停車場
有

立於北庄城遺跡的阿市、淺井三姊妹銅像

深入學習！

北庄城城址資料館

館內展示從秀吉燒毀的北庄城遺跡中出土的鬼瓦以及生活用品，可以一窺勝家家人的生活。另外還有用於據說勝家曾通過的舟橋之鎖鏈，也是戰國時代極其稀有的物品，千萬別錯過。

址 福井県福井市中央 ☎0776-20-5106（福井市商工勞動部）交 北陸本線福井站徒步約5分鐘 ¥免費 營9：00～18：00 休全年無休 P有

探訪城下町

西光寺

柴田勝家的菩提寺——西光寺裡，有他和妻子阿市並肩長眠的墓地。寺院境內設有柴田勝家公資料館，可以參觀到珍貴的遺物。

址 福井県福井市左內町8-21 交 福武線公園口站徒步約12分鐘 營休 白天隨時 P無

黑田官兵衛與福岡城

請欣賞威風凜凜的城牆

名軍師的雄偉居城

黑田官兵衛是豐臣秀吉的名參謀。由於其嫡男．長政在關原之戰戰功顯赫，因此黑田父子受封筑前五十二萬石，建造了福岡城。由築城名人官兵衛打造的石牆，果然非常雄偉。現存的多聞櫓已指定為重要文化財，是日本最長的櫓。另外，據說落成當時也蓋了天守，現在還留有大天守台。

築城年份
1601年（慶長6年）
所在地
福岡県中央区城内
主要遺跡
石牆、護城河、櫓門等
交通資訊
從地下鐵空港線赤坂站徒步約15分鐘

探訪城下町

光雲神社

祭祀官兵衛及其子長政的神社。社名是從兩人的法號各取一個字組成的，原址在福岡城天守旁。這裡也是「日本賞櫻名所100選」之一，非常推薦春季來造訪。

址 福岡県福岡市中央区西公園1-13-1 交 地下鐵空港線大濠公園站徒步約20分鐘 P有

深入學習！

福岡市博物館

展出豐富的戰國時代展示品，也有許多官兵衛．長政用過的物品。長政肖像裡的一之谷頭盔以及名槍．日本號，也是必看的重點。

址 福岡県福岡早良区百道浜3-1-1 ☎092-845-5011 交 地下鐵空港線西新站徒步約15分鐘 ¥全票200日圓 大學．高中生150日圓 營9：30～17：30，7、8月的平日．星期六閉館時間為19：30（最後入館時間為閉館前30分鐘）休 星期一（如遇國定假日則隔日公休）、歲末年初 P有

立花宗茂與柳川城

鎮西第一忠義驍勇

請盡情體驗水都柳川！

宗茂在對抗島津軍時戰功彪炳，被豐臣秀吉封為柳川領主。他的居城・柳川城固若金湯，據說「必須花3年才能攻陷」，現在也還留著天守台、石牆、護城河。

由於宗茂在關原之戰中投靠西軍，因此領地遭到改易，但之後又終於恢復為柳川領主。

築城年份
16世紀初

所在地
福岡県柳川市本城

主要遺跡
天守台、石牆、護城河

交通資訊
從天神大牟田線西鐵柳川站搭乘公車（往西鐵柳川站）在「柳川高校前」下車，徒步約1分鐘

探訪城下町

宗茂繼承的水都

宗茂之前的城主・田中吉政整治了水路，於是柳川便成為「水都」。當時的護城河現在仍安在，可以搭船遊覽。通往柳川城內的城堀水門還保留著當時的風貌。另外，祭祀著宗茂以及宗茂之父・道雪、宗茂之妻・誾千代的三柱神社，以及立花家的菩提寺——梅岳山福嚴寺等，也很值得一訪。

深入學習！

立花家史料館

館內除了收藏指定為國寶的名刀・吉光之外，還有宗茂的甲冑與立花家代代相傳的大名道具（譯註：江戶時代大名家代代相傳的畫、武器、裝飾品等物品）。現在建築物已規劃為旅館，但亦可單純參觀。

址 福井県柳川市新外町1 交 天神大牟田線柳川站搭乘公車（往西鐵柳川站）在「御花前」下車，徒步約3分鐘 ¥ 全票500日圓，高中生300日圓，小學生200日圓 時 9：00～18：00 P 有

大友宗麟與臼杵城

夢想著基督國的宗麟

從天守台可以看見臼杵的市容喔！

四面環海，形狀宛如龜殼一般，因而有「龜城」之稱的臼杵城，是大友宗麟在丹生島建造的居城。本丸和櫓都保留至今，讓人得以想像當時的樣貌，據說當時也有天守。

基督徒大名・宗麟讓大友氏發展為北九州最大勢力，同時以建立一個「基督教式的理想國家」為目標，但這個夢想最終沒有實現。

築城年份
1562年（永祿5年）

所在地
大分県臼杵市臼杵

主要遺跡
櫓門、城門、石牆等

交通資訊
從日豐本線臼杵站徒步約10分鐘

探訪城下町

宗麟公園

傳說這裡是宗麟隱居後，全心投入信仰的天德寺遺跡。公園附近有基督教式的宗麟之墓。據說後人根據宗麟生前的遺言，在這裡建造了教會，是宗麟安息之地。

址 大分県津久見市大字津久見字ミウチ 交 津久見站徒步約20分鐘 時休 白天隨時 P 有

深入學習！

大分市歷史資料館

從館內展示品可以看出宗麟身為基督徒的特色，包括宗麟所撰寫的書狀、關於將基督教傳入日本的方濟沙勿略（Francisco de Xavier）的史料等。此外，也不容錯過陶器等透過南蠻貿易而傳入的物品。

址 大分県大分市国分960-1 ☎ 097-549-0880 交 豐後國分站徒步約2分鐘 ¥ 全票200日圓，高中生100日圓 時 9：00～17：00 休 星期一（如遇國定假日則隔日公休） P 有

戰國博物館導覽

進行武將巡禮時，可不能錯過擁有許多與武將相關收藏的博物館。日本各地還有許多本書尚未提到，但也收藏著戰國時代史料的博物館。對於武將迷而言，一邊欣賞武將使用過的物品，一邊想像著當時的場景，真是一大樂事。請務必走一趟與喜愛的武將相關的博物館！

八王子市鄉土資料館

展出小田原征伐的舞台——八王子城的出土物，以及與這段歷史相關的展示品。其中不容錯過的是，戰國時代遺留物中罕見的蕾絲玻璃。

址 東京都八王子市上野町33 042-622-8939 從八王子站徒步約15分鐘 ¥免費 9:00～17:00（入館時間至16:30為止） 休星期一（如遇國定假日則隔日公休）、歲末年初 P有

甘樂町歷史民俗資料館

館址所在的甘樂町，與織田信長的次男．信雄有歷史淵源。除了關於戰國時代在此地擁有勢力的小幡氏的展示品外，也有展示信雄的坐像等等。

址 群馬県甘楽郡甘楽町大字小幡852-1 0274-74-5957 從上州福島站徒步約30分鐘

¥高中生以上200日圓 9:00～16:30 休星期一（如遇國定假日則隔日公休）、歲末年初 P有

君津市立久留里城址資料館

建於戰國時代的名城．久留里城遺址的資料館。館內展出甲冑、刀、鐵砲等戰國時代的各式物品，解說也非常詳盡。附設可以穿著甲冑體驗的設施，讓遊客充分體驗戰國時代的氣氛。

址 千葉県君津市久留里字内山　久留里城址 0439-27-3478 從久留里線久留里站徒步約35分鐘 ¥免費 9:00～16:30 休星期一（如遇國定假日則隔日公休）、歲末年初 P有

最上義光歷史館

以東北之雄．最上義光為主題的博物館。館內展出留著彈痕的頭盔、研判曾在戰場上使用過的采配（指揮用具），以及敵方直江兼續的軍旗等展示品。

址 山形県山形市大手町1-53 023-625-7101 從山形站徒步約15分鐘 ¥免費 9:00～17:00（入館時間至16：30為止） 休星期一（如遇國定假日則隔日公休） P有

墨俣歷史資料館

資料館位在一夜城遺址，傳說是豐臣秀吉在一夜之間築成，令信長大悅。館內除了介紹秀吉麾下的各個武將外，還詳細解說秀吉統一天下的始末。

址 岐阜県大垣市墨俣町墨俣1742-1 0584-62-3322 從大垣站搭乘公車（往岐阜聖德學園大學）在「墨 」下車，徒步約5分鐘 ¥全票200日圓，未滿18歲免費 9:00～17:00 休星期一（如遇國定假日則隔日公休）、歲末年初 P有

國立歷史民俗博物館

收藏許多有關日本歷史與文化的珍貴館藏。有關戰國時代的館藏，包括「洛中洛外圖屏風」，以及朝倉氏的主要根據地．一乘谷的模型等等。

址 千葉県佐倉市城内町117 043-486-0123 從京成佐倉站徒步約15分鐘 ¥全票420日圓，大學．高中生250日圓 9:00～17:00（最後入場時間為閉館前30分鐘），10～2月閉館時間為16：30 休星期一（如遇國定假日則隔日公休）、歲末年初 P有

秋田市立佐竹史料館

館內收藏戰國時代，在常陸擁有龐大勢力的佐竹氏相關史料。移封秋田後的初代城主．義宣那裝飾著毛毛蟲的有名甲冑等，都是戰國迷絕不可錯過的展覽品。

址 秋田県秋田市千秋公園1-4 018-832-7892 從秋田站徒步約15分鐘 ¥全票100日圓，高中生50日圓 9:00～16:30 休歲末年初 P有

名古屋市秀吉清正紀念館

紀念館正如其名，館內展出與豐臣秀吉、加藤清正相關的史料，包括甲冑、足袋、兩人的肖像、繪畫，以及戰國時代罕見的天鵝絨等等。

址 愛知県名古屋市中村区中村町茶ノ木25 052-411-0035 從地下鐵中村公園站徒步約10分鐘 ¥免費 10:00～17:00 休星期一（如遇國定假日則隔日公休）、第3個星期五、歲末年初 P有

千葉縣立中央博物館(大多喜城分館)

位在德川四天王之一．本多忠勝的居城——大多喜城的遺址。館內展出〈德川十六將圖〉、甲冑、頭盔等物品，充滿勇將忠勝的風格。

址 千葉県夷隅郡大多喜町大多喜481 0470-82-3007 從夷隅鐵道大多喜站徒步約15分鐘 ¥全票200日圓，大學．高中生100日圓 9:30～16:30（入館時間至16:00為止） 休星期一（如遇國定假日則隔日公休）、歲末年初 P有

川越歷史博物館

川越是一個經常易主的地方，館內收藏著與關東管領．上杉家及北条氏等相關的物品。其中尤以頭盔的展示品最多，可以欣賞各款頭盔威風的設計。

址 埼玉県川越市久保町11-8 049-226-0766 從東武東上線川越市站徒步約20分鐘 ¥全票500日圓，國中生以下300日圓 10:00～17:00 休全年無休 P有

土佐山內家寶物資料館

展出土佐藩主．山內家代代相傳的物品。包括初代藩主．一豐使用過的物品，以及南蠻帽等珍奇物品，另外還有陣羽織、朱印狀、女兒節擺飾等館藏。

址 高知県高知市鷹匠町2-4-26 ☎ 088-873-0400 🚌 從土佐電鐵グランド通站徒步約5分鐘 ¥ 全票300日圓，高中生以下免費 🕘 9:00～17:00 休 更換展示品期間、歲末年初 P 有

福知山市鄉土資料館

建立於福知山城遺址的資料館。主要展出與明智光秀相關的史料，包括家中軍法與肖像畫等等，是一座讓人得以一窺光秀人品、人生的重要資料館。

址 京都県福知山市字內記5 ☎ 0773-23-9564 🚌 從福知山站徒步約15分鐘 ¥ 全票310日圓，小學．國中生100日圓 🕘 9:00～17:00（入館時間至16:30為止）休 星期二（如遇國定假日則隔日公休）、歲末年初 P 有

安田城跡資料館

資料館位於秀吉為了攻打富山城城主．佐佐成政而築的安田城遺址。館內展出美濃茶碗、瀨戶燒等從遺跡出土的茶具及武器等物品，資料館外有重建的城郭。

址 富山県富山市婦中町安田244-1 ☎ 076-469-4241 🚌 從富山站搭乘公車（往富山大學附屬醫院）在「安田」下車，徒步約20分鐘 ¥ 免費 🕘 9:00～17:00（入館時間至16:30為止）休 星期一（如遇國定假日則隔日公休）、歲末年初 P 有

村上水軍博物館

村上水軍握有瀨戶內海的制海權。館內展出戰國時代最先進的軍船模型，可以窺知當時水軍的技術。

址 愛媛県今治市宮窪町宮窪1285 ☎ 0897-74-1065 🚌 開車從西瀨戶自動車道．大島北IC約10分鐘 ¥ 全票300日圓，大學生150日圓 🕘 9:00～17:00（入館時間至16:30為止）休 星期一（如遇國定假日則隔日公休）、歲末年初 P 有

神戶市立博物館

館藏包括將基督教傳入日本的方濟沙勿略肖像，以及戰國到江戶初期的南蠻美術資料等。為了保護史料，僅限特定期間展出，詳情請洽館方。

址 兵庫県神戸市中央区京町24 ☎ 078-391-0035 🚌 從三之宮站徒步約10分鐘 ¥ 全票200日圓，大學．高中生150日圓，小學．國中生100日圓※特展時入場費將會變動 🕘 10:00～17:00（入館時間至16:30為止）休 星期一（如遇國定假日則隔日公休）、歲末年初、更換展示品期間 P 無

富山市鄉土博物館

附屬於富山市的象徵——富山城的博物館。除了富山的歷史之外，還展出許多從遺跡出土的物品等戰國時代收藏品。

址 富山県富山市本丸1-62 ☎ 076-432-7911 🚌 從富山站徒步約10分鐘 ¥ 全票200日圓，小學．國中生100日圓 🕘 9:00～17:00（入館時間至16:30為止）休 歲末年初 P 有

德島市立德島城博物館

主要展示以德島城為居城之蜂須賀家的史料及藝術品。包括活躍於戰國時代的正勝肖像畫、具足、家康賞賜的感謝狀等。

址 德島県德島市德島町城內1-8 ☎ 088-656-2625 🚌 從德島站徒步約10分鐘 ¥ 全票300日圓，大學．高中生200日圓 🕘 9:30～17:00（入館時間至16:30為止）休 星期一（如遇國定假日則隔日公休）、歲末年初 P 有

岡山縣立博物館

館藏包括國寶級的鎌倉時代鎧甲等。戰國時代的展示品，有統治備前一帶的宇喜多氏相關物品，還有被指定為重要文化財的能家畫像。

址 岡山県岡山市北区後楽園1-5 ☎ 086-272-1149 🚌 在岡山站搭乘公車（往藤原團地）約20分鐘，在「後樂園前」下車，徒步約1分鐘 ¥ 全票250日圓，65歲以上120日圓，高中生以下免費 🕘 9:00～18:00（10～3月為9:30～17:00）休 星期一（如遇國定假日則隔日公休）、更換展示品期間、歲末年初 P 有

白山市立鳥越一向一揆歷史館

戰國時代，一向宗一手征服了北陸，進行自治。這裡可以看到關於他的史料，認識有關一向宗的歷史。也有許多關於鄰近的鳥越城遺跡的館藏。

址 石川県白山市出合町甲26 ☎ 076-254-8020 🚌 從小松機場搭乘計程車約30分鐘 ¥ 全票300日圓，國中生以下免費 🕘 9:00～17:00（入館時間至16:30為止）休 星期一（如遇國定假日則隔日公休）、歲末年初、更換展示品期間 P 有

佐賀縣立佐賀城本丸歷史館

介紹戰國時代鍋島氏之居城——佐賀城的變遷和歷史。館內展示佐賀城的平面圖與老照片等等，可以認識從戰國時代到幕末的佐賀城。

址 佐賀県佐賀市城內2-18-1 ☎ 0952-41-7550 🚌 從佐賀站徒步約30分鐘 ¥ 免費 🕘 9:30～18:00（夏季為9:30～20:00）休 歲末年初 P 有

吉川史料館

中國地方的豪族．吉川家的史料館。館內展示吉川家代代相傳、超過7000件的收藏品，其中還有許多如《吾妻鏡》、《太平記》等被指定為重要文化財的館藏。

址 山口県岩国市横山2-7-3 ☎ 0827-41-1010 🚌 從岩國站搭乘公車（往錦帶橋）約15分鐘，在「錦帶橋」下車，徒步約5分鐘 ¥ 全票500日圓，大學．高中生300日圓，小學．國中生200日圓 🕘 9:00～17:00（入館時間至16:30為止）休 星期三、每年4次的更換展示品期間、歲末年初 P 有

國友鐵砲之里資料館

資料館位在戰國時代因為生產鐵砲而繁榮的國友地區。展示品中有許多貴重的鐵砲，此外也能學習到鐵砲名匠的相關資訊、歷史、文化等知識。

址 滋賀県長浜市国友町534 ☎ 0749-62-1250 🚌 從長濱站搭乘公車（往養護學校）在「國友鐵砲之里資料館前」下車，徒步約5分鐘 ¥ 全票300日圓，小學．國中生150日圓 🕘 9:00～17:00 休 歲末年初 P 有

漫畫 SORA ASUKA

插畫 岩元辰郎(封面、P42、62、96)、輝龍司(P76)、添田一平(P70)、西野幸治(封面、P6、7、22、32、66、82、88、102)、TORIBATAKEHARUNOBU、明加、綠一色、OKU(會田勝己)

照片提供

青葉城本丸會館、安藝高田市歷史民俗博物館、秋田市立佐竹史料館、安佐南區公所地區振興推廣課、安土町觀光協會事務局、池波正太郎真田太平記館、石田會館、一般社團法人米澤觀光物產協會、今治市村上水軍博物館、上杉神社、上田市公所觀光課、上田市立博物館、御菓子處 千野、岡山縣立博物館、御燒屋總本家 松代店、廣島三箭股份有限公司、tree股份有限公司、川越歷史博物館、甘樂町歷史民俗資料館、吉川史料館、岐阜市歷史博物館、國友鐵砲之里資料館、熊本美術館、熊本城、鯉之六十里、甲州餛飩 小作、高台寺、講談社、高知縣立歷史民俗資料館、高知縣立坂本龍馬紀念館、神戶市立博物館、紅蓮屋 心月庵、國立歷史民俗博物館、西明寺、佐賀縣立佐賀城本丸歷史館、佐賀縣立名護屋城博物館、櫻花馬場 城彩苑 湧湧座、真田寶物館、滋賀縣立安土城考古博物館、社團法人山梨觀光推廣機構、新城市設樂原歷史資料館、積翠寺溫泉 要害、瑞巖寺、墨俣歷史資料館、關原 WAR LAND、關原歷史民俗資料館、戰國魂、仙台市觀光交流課、仙台市博物館、仙台・宮城觀光宣傳推廣協議會、早雲寺、總見院、曹洞宗八屋山普門寺、ちえぞー!城行こまい(本間智惠子)、千葉縣立中央博物館、津久見市公所、得月樓、德島市立德島城博物館、土佐山內家寶物資料館、富山市鄉土博物館、長野市觀光振興課、名古屋款待武將隊事務局、名古屋市博物館、名古屋市秀吉清正紀念館、名古屋市公所、西本願寺、白山市立鳥越一向一揆歷史館、箱根町立鄉土資料館、八王子市鄉土資料館、林久雄攝影事務所、日暮庵、百余亭、廣島市森林公園、福知山市鄉土資料館、松島蒲鉾本鋪、松代文化設施等管理事務所、萬吾樓、水城秋香、美濃屋吉兵衛、宮城縣觀光課、毛利博物館、最上義光歷史館、本宮市歷史民俗資料館、安田城跡資料館、山形置賜【愛】之武將隊集合所、湯神リュウ、湯村溫泉旅館工會、米澤市上杉博物館、米澤市產業部商工觀光課、米橋

大河 06

戰國武將巡禮之旅

訪與名將有淵源的城、神社、博物館、墓地

戦国武将巡礼の旅—名将ゆかりの城、神社、博物館、墓を巡る

編——歷史魂編輯部
譯者——周若珍
總編輯——郭昕詠
責任編輯—陳柔君
編輯——王凱林、徐昉驊、賴虹伶、黃淑真、李宜珊
排版——菩薩蠻數位文化有限公司
社長——郭重興
發行人兼
出版總監—曾大福
出版者——遠足文化事業股份有限公司
地址——231 新北市新店區民權路 108-2 號 9 樓
電話——(02)2218-1417
傳真——(02)2218-1142
電郵——service@bookrep.com.tw
郵撥帳號—19504465
客服專線—0800-221-029
部落格——http://777walkers.blogspot.com/
網址——http://www.bookrep.com.tw
法律顧問—華洋法律事務所 蘇文生律師
印製——成陽印刷股份有限公司
電話——(02)2265-1491

初版一刷 西元 2016 年 5 月
Printed in Taiwan

SENGOKU BUSHOU JUNREI NO TABI

Edited by ASCII MEDIA WORKS
First published in 2012 by KADOKAWA CORPORATION,Tokyo.
Chinese translation rights arranged with KADOKAWA CORPORATION,Tokyo.
arranged through AMANN CO., LTD, Taipei.

國家圖書館出版品預行編目(CIP)資料

戰國武將巡禮之旅:訪與名將有淵源的城、神社、博物館、墓地/歷史魂編輯部著;周若珍譯.——初版.——新北市:遠足文化 2016.05——(大河;6) 譯自:戦国武将巡礼の旅:名将ゆかりの城、神社、博物館、墓を巡る
ISBN 978-986-92889-7-2(平裝)
1. 日本史 2. 近代史 3. 史蹟

731.269　　105004409